Answer Key
for
Student Activities Manual

Treffpunkt Deutsch

SIXTH EDITION

Margaret Gonglewski
The George Washington University

Beverly Moser
Appalachian State University

Cornelius Partsch
Western Washington University

E. Rosemarie Widmaier
Fritz T. Widmaier

PEARSON

Boston   Columbus   Indianapolis   New York   San Francisco   Upper Saddle River
Amsterdam   Cape Town   Dubai   London   Madrid   Milan   Munich   Paris   Montreal   Toronto
Delhi   Mexico City   Sao Paulo   Sydney   Hong Kong   Seoul   Singapore   Taipei   Tokyo

Executive Acquisitions Editor: *Rachel McCoy*
Editorial Assistant: *Lindsay Miglionica*
Publishing Coordinator: *Regina Rivera*
Executive Marketing Manager: *Kris Ellis-Levy*
Marketing Assistant: *Michele Marchese*
Senior Managing Editor for Product Development:
   Mary Rottino
Associate Managing Editor: *Janice Stangel*
Production Project Manager: *Manuel Echevarria*
Executive Editor, MyLanguageLabs: *Bob Hemmer*
Senior Media Editor: *Samantha Alducin*
MyLanguageLabs Development Editor: *Bill Bliss*

Development Editor: *Karen Storz*
Procurement Manager: *Mary Fischer*
Senior Operations Specialist: *Alan Fisher*
Senior Art Director: *Maria Lange*
Cover Designer: *DePinho Design*
Interior Designer: *PreMediaGlobal USA, Inc.*
Composition: *PreMediaGlobal USA, Inc.*
Printer/Binder: *OPM Digital Print Services*
Cover Printer: *Lehigh/Phoenix Color*
Publisher: *Phil Miller*
This book was set in 10/12 Bembo.

Printed in the United States of America
4 5 6 7 8 9 10   V036   15

ISBN 10: 0-205-78342-2
ISBN 13: 978-0-205-78342-7

Contents /////////////////////////

Erste Kontakte

E-1

Du, ihr, or **Sie?**

1. du
2. Sie
3. Sie
4. ihr
5. Sie
6. du
7. Sie
8. ihr

E-2

Formell oder informell?

1. b
2. a
3. b
4. a
5. a
6. b

E-3

Kurze Konversationen.

1. Konversation B
2. Konversation A
3. Konversation A
4. Konversation B
5. Konversation A
6. Konversation B
7. Konversation B

E-4

Ein Wortspiel.

1. Glas
2. Universität
3. Teekanne
4. Ende
5. Name
6. Maus
7. Orchester
8. Restaurant
9. Garten
10. Europa
11. November
12. Guten Morgen

E-5

Was ist das auf Deutsch?

1. Rom
2. Genf
3. Athen
4. Köln
5. Moskau
6. Lissabon
7. Brüssel
8. Wien
9. Warschau
10. Zürich

E-6

Was passt zusammen?

1. WAZ
2. ZDF
3. BRD
4. CDU
5. MAN
6. USA
7. BASF
8. EU
9. BZ
10. SPD
11. FDP
12. DSF

E-7

Familiennamen.

1. Stobbe
2. Lorenz
3. Coppenrath
4. Morovska
5. Schaefer
6. Newman

E-8

Abkürzungen.

1. f
2. d
3. a
4. g
5. c
6. b
7. e

E-9

Bingo.

1. O 63 / O63
2. B 5 / B5
3. N 33 / N33
4. I 29 / I29
5. G 46 / G46
6. B 2 / B2
7. I 30 / I30
8. Nein

E-10

Rechenaufgaben.

1. fünfzehn
2. siebzehn
3. sieben
4. sechzehn
5. sechs
6. zweiundzwanzig
7. einunddreißig
8. einundneunzig

E-11

Auf dem Flohmarkt.

1. sechsunddreißig
2. vierundzwanzig
3. elf
4. einunddreißig
5. zwanzig
6. zwölf
7. drei
8. vierzehn
9. sechzehn
10. sechs

E-12

Auf dem Flohmarkt.

1. 17
2. 23
3. 16
4. 6
5. 37
6. 45

E-13

Wie viel ist das?

1. 20
2. 6
3. 111
4. 120
5. 50

E-14

Mathematik.

1. 2 + 6 / 2+6
2. 15 + 4 / 15+4
3. 30 + 12 / 30+12
4. 12 − 3 / 12−3
5. 70 − 10 / 70−10
6. 100 − 20 / 100−20

E-15

Telefonnummern.

1. 34 15 22
2. 81 11 60
3. 52 40 17
4. 44 75 16

E-16

Handynummern.

Answers will vary.

E-17

Eigentumswohnungen.

1. Mühlendamm
2. 72a / 72 a
3. 22087
4. 040
5. 22 74 25 30 / 22742530
6. 54
7. 100

E-18

Persönliches.

Answers will vary.

E-19

Wir lernen einander kennen.

1. b
2. a
3. c
4. b

E-20

Was passt?

1. es Ihnen?
2. kommst du?
3. bitte?
4. meine Mitbewohnerin.
5. Tag!
6. aus Mannheim.

E-21

Im Studentenheim.

1. dich
2. geht's
3. Super
4. kommst
5. aus

E-22

Richtig oder falsch?

1. richtig
2. falsch
3. richtig
4. falsch
5. richtig

E-23

Stefan.

1. Berg
2. Hamburg
3. München
4. 15

E-24

Das bin ich.

Answers will vary.

E-25

Das bin ich.

Answers will vary.

E-26

Welche Abkürzung passt?

1. CDU / SPD / FDP
2. BRD / USA
3. EU
4. DSF
5. ZDF
6. BASF / MAN

E-27

Beim Studentenwerk.

Answers will vary.

E-28

Wir lernen einander kennen.

Answers will vary.

Kapitel 1

1-1

Leicht zu verstehen.

1. die Lampe
2. die Tomate
3. die Karotte
4. der Freund
5. das Gras
6. die Vase
7. die Butter
8. der Schuh
9. der Hammer
10. der Fußball
11. der Fisch
12. der Ring

1-2

Familie Ziegler.

1. b
2. c
3. d
4. a

1-3

Familie Ziegler.

1. die
2. die
3. der
4. der
5. die
6. die
7. der
8. der

1-4

Was passt wo?

1. Die Musik
2. der Pullover
3. Die Telefonnummer
4. Die Adresse
5. Die Milch
6. das Thermometer
7. Der Computer
8. Die Bücher

1-5

Pluralformen.

1. Klarinetten
2. Hämmer
3. Wörter
4. Amerikanerinnen
5. Hotels
6. Fußbälle
7. Millionen
8. Arme
9. Finger
10. Häuser
11. Knackwürste

1-6

Kategorien.

1. Monate
2. Tage
3. Jahreszeiten
4. Ländernamen
5. Nationalitäten
6. Amerikanerinnen
7. Farben
8. Universitäten
9. Autos
10. Fragewörter
11. Konjunktionen
12. Pronomen

1-7

Wie viele sind das?

1. drei
2. zwei
3. vier
4. zwei
5. zwei
6. drei
7. fünf
8. zwei
9. drei
10. vier
11. drei
12. vier

1-8

Was passt wo?

1. Eine Minute
2. ein Tag
3. Eine Woche
4. ein Monat
5. ein Jahr
6. ein Jahrzehnt
7. ein Jahrhundert

1-9

Was passt am besten?

1. ...ist so gut wie eine Banane.
2. ...ist so rot wie der Mars.
3. ...ist so schön wie eine Rose.
4. ...ist so gut wie Löwenbräu.
5. ...ist so schön wie Beethovens *Neunte*.
6. ...hat so wenig Tage wie der Februar.

1-10

Kein/Keine.

1. Keine Jahreszeit
2. Kein Tag
3. Keine Violine
4. Kein Wein
5. Kein Land
6. Kein Metall
7. Kein Kontinent
8. Keine Rockgruppe

1-11

Ja oder Nein?

1. Ja, ein
2. Nein, kein
3. Nein, kein
4. Ja, eine

1-12

Kleine Gespräche.

1. kommt Stefan
2. er kommt
3. ist es
4. das Thermometer zeigt
5. Scheint heute
6. es regnet
7. ist das
8. sie studiert
9. mein Name ist
10. geht es

1-13

Was sind die Fragen?

1. Wer
2. Wie alt
3. Wann
4. Wohin
5. Was
6. Wo
7. Wie

1-14

Fragen.

1. Wie viel / Was
2. Woher
3. Wie viele
4. Wer
5. Wo
6. Wohin
7. Wann

1-15

Was ist die richtige Antwort?

1. c
2. e
3. d
4. a
5. b
6. h
7. i
8. f
9. g

1-16

Beim Auslandsamt.

1. Woher kommst du / Woher bist du
2. Wie... bist du
3. Was studierst du
4. Wo wohnst du
5. Wohin fliegst du
6. Wann bist du

1-17

Ergänzen Sie!

1. im Winter nach Spanien
2. jetzt in die Vorlesung
3. heute im Supermarkt
4. morgen Abend zu Dans Party
5. heute Abend um zehn ins Bett
6. morgen Abend in die Kneipe

1-18

Immer negativ.

1. nicht warm
2. nicht aus Bonn
3. nicht in Köln
4. nicht in die Disco
5. nicht morgen Abend

1-19

Machen wir heute ein Picknick?

1. der Himmel nicht blau
2. nicht sehr warm
3. die Sonne nicht
4. nicht schwimmen
5. kein Picknick

1-20

Kleine Gespräche.

1. er
2. Er
3. Sie
4. er
5. sie
6. Es

1-21

Bei H & M.

1. es
2. er
3. sie
4. sie
5. er
6. sie

1-22

Kleine Gespräche.

1. Sind
2. bin
3. seid
4. sind
5. Seid
6. sind
7. sind
8. sind
9. Bist
10. bist
11. bin
12. ist
13. ist

1-23

Kleine Gespräche.

1. heiße
2. komme
3. heißt
4. kommst
5. heiße
6. komme
7. studiere
8. studierst
9. studiere
10. tanzt
11. sitzt
12. trinkst
13. tanze
14. ist

1-24

Verben.

1. findet
2. finden, regnet
3. macht
4. Geht
5. geht
6. lernt
7. fliegen
8. fliegen
9. kostet

1-25

Morgen.

1. a
2. c
3. b
4. d
5. e
6. g
7. f

1-26

Kurze Dialoge.

1. machst, gehe, schreibe
2. Regnet, scheint, ist
3. macht, glaube, gehen, zeigt
4. ist, macht, sitzt, tut
5. machen, gehen, tanzen
6. Sind, sind, spielen
7. macht, fliegen, gehen
8. macht, glaube, arbeitet, schreibt
9. heißt, macht, heißt, studiert

1-27

Ein neuer Student hat Fragen.

1. sie kosten
2. Es ist
3. Es kostet
4. sie ist
5. Sie ist
6. sie sind
7. Er ist

1-28

Was passt?

1. Studiert
2. Spielst
3. Fliegen
4. kostet
5. macht, Geht, spielt
6. gehe
7. arbeitet
8. beginnt/ ist
9. Findest
10. heiße / bin, heißt, bist / kommst

1-29

Was machen Studenten am Samstag?

1. geht sie
2. spielen wir
3. gehe ich
4. gehen sie
5. geht er

1-30

Was passt zusammen?

1. Karte
2. Disco
3. Geld
4. Lufthansa
5. wohin?
6. woher?
7. wo?
8. wie?
9. Fußball
10. Biologie
11. Vorlesung
12. Bus

1-31

Nationalitäten.

1. Amerikaner
2. Kanadierin
3. Deutsche
4. Österreicherin
5. Deutscher

1-32

Was passt?

1. b
2. c
3. a
4. b
5. c
6. b

1-33

Das Storm–Haus in Husum.

1. 4,00
2. 7,00
3. 24,00
4. 7,50
5. 10,00

1-34

Krista Gugenberger und Frank Becker.

1. zwanzig
2. Bremen
3. Dänemark
4. zum Schwarzwald
5. fast an der Nordsee
6. kühl und regnerisch
7. sehr warm
8. Soziologie und Psychologie
9. 0761
10. 28355

1-35

Florians Tag.

1. richtig
2. falsch
3. falsch
4. richtig
5. falsch

1-36

Was für ein Wetter!

1. schön
2. 25
3. sonnig
4. in die Vorlesungen
5. zum Studentenwerk
6. morgen schwimmen

1-37

Beim Auslandsamt.

Answers will vary.

1-38

Beim Auslandsamt.

Answers will vary.

1-39

Zur Aussprache: German *ei* and *ie*.

1. ie, ei
2. ie, ei
3. ei, ie
4. ei, ie
5. ei, ie
6. ie, ei
7. ei, ie
8. ei, ei
9. ie, ei

1-40

Zur Aussprache: Hören Sie gut zu und wiederholen Sie.

Answers will vary.

1-41

Jahreszeiten.

Answers will vary.

1-42

Zukunftspläne.

Answers will vary.

Kapitel 2

2-1

Kleine Gespräche.

1. haben, habe
2. Habt / habt, haben
3. Hat / hat, hat
4. Hast / hast, habe

2-2

Was haben diese Leute?

1. Haben
2. haben
3. Habt
4. haben
5. Hast
6. habe

2-3

Was haben diese Leute?

1. Habt, haben
2. Hat, hat
3. Hast, habe
4. hat, hat
5. Haben, habe, habe

2-4

***Gern, nicht gern* oder *lieber*?**

1. nicht gern
2. gern
3. gern
4. gern
5. nicht gern
6. lieber
7. nicht gern
8. nicht gern

2-5

***Gern* oder *lieber*?**

1. gern, lieber
2. gern, lieber
3. lieber
4. gern, lieber
5. lieber

2-6

Was machst du gern oder nicht gern?

Answers will vary.

2-7

Was machst du lieber?

Answers will vary.

2-8

Wie spät ist es?

1. Ja, es ist fünf nach sieben.
2. Nein, es ist Viertel nach zehn.
3. Nein, es ist halb zehn.
4. Ja, es ist fünf vor halb sechs.
5. Nein, es ist zwanzig nach drei.
6. Ja, es ist Viertel vor zwölf.

2-9

Wann kommt der Bus?

1. 9.20	3. 13.18	5. 16.47
2. 11.15	4. 15.32	6. 19.10

2-10

Um wie viel Uhr ist das?

1. zwei Uhr nachmittags
2. fünf nach zehn vormittags
3. Viertel vor zwölf abends / Viertel vor zwölf nachts
4. Viertel nach eins nachmittags
5. halb eins nachts
6. zwanzig nach neun abends / zehn vor halb zehn abends

2-11

Der Deutschklub: Spezialprogramm am Wochenende.

1. f	5. g
2. b	6. d
3. e	7. c
4. a	

2-12

Was ist das Subjekt?

1. Anna
2. Sie
3. wir
4. Ihr Freund Thomas
5. Thomas und Anna

2-13

Was ist das Subjekt?

1. Jazz	5. David und Frank
2. David	6. sie
3. er	7. du
4. Davids Freund Frank	

2-14

Wer macht das?

1. Lisa	4. Felix
2. Felix	5. Thomas
3. Thomas	6. Lisa

2-15

Wer oder *was* ist das?

1. Was	4. Was	7. Was
2. Wer	5. Wer	8. Wer
3. Wer	6. Wer	9. Was

2-16

Wer oder *was* ist das?

1. g	4. h	7. c
2. i	5. e	8. f
3. b	6. d	9. a

2-17

Dies-, jed- oder *welch-*?

1. jedes	4. Diese
2. Welche	5. Welche
3. diese	

2-18

Dies-, jed- oder *welch-*?

1. dieses	4. Dieses
2. Welcher	5. jeder
3. jede	

2-19

Frau Ziegler macht Ordnung im Haus.

1. Nina
2. Nina, Robert
3. Robert
4. Frau Ziegler
5. Robert
6. Frau Ziegler, Herr Ziegler

2-20

Kleine Gespräche.

1. deine
2. Meine
3. meine
4. euer
5. unser
6. dein
7. sein
8. Ihr

2-21

Kleine Gespräche.

1. Ihr
2. seine
3. seine
4. Ihre
5. Unsere
6. ihre

2-22

Wer hat das bessere Zimmer?

1. c
2. d
3. e
4. b
5. a

2-23

Adjektive.

1. interessante
2. kleines
3. deutscher
4. neuer
5. schwarzen
6. neuen
7. gute
8. beste
9. italienischer

2-24

Adjektive.

1. e
2. e
3. e
4. e
5. es
6. e, e
7. en

2-25

Beschreiben.

1. sportlicher
2. musikalisches
3. süßes
4. altes
5. netter

2-26

Ein schlechtes Restaurant.

1. Bitterer
2. Saurer
3. Altes
4. Bittere
5. Harte
6. Kalter

2-27

Wortsalat.

g	r	o	ß	d	s	ü	ß	r	h
u	k	h	v	o	y	z	o	e	e
f	e	u	s	r	l	a	n	g	i
r	i	c	h	t	i	g	e	p	ß
g	ö	l	w	f	b	f	u	n	i
w	t	e	u	e	r	d	ü	n	n
t	t	w	e	n	i	g	s	h	k
d	u	m	m	e	i	m	m	e	r

2-28

Kategorien.

1. a
2. c
3. d
4. c
5. d
6. b
7. b
8. a
9. b
10. a
11. b
12. c
13. d
14. c
15. a
16. b
17. a
18. d
19. b
20. c

2-29

Parken bei Wertheim.

1. acht, fünfzehn
2. zwanzig, dreißig
3. acht, fünfzehn, achtzehn, dreißig
4. Käufer, Nicht-Käufer
5. zwei, drei

2-30

Sylvia fliegt nach Europa.

1. Ulrikes Freund
2. bei Kristianstad
3. in Lübeck
4. nach Saßnitz
5. fünf Tage
6. Mitte Juli
7. ein Segelboot
8. über Hannover
9. in Kiel
10. etwa sechs Wochen

2-31

Um wie viel Uhr …?

1. a
2. b
3. a
4. a
5. b

2-32

Zur Aussprache: German *a, e, i, o, u*.

1. b	6. a	11. b
2. a	7. a	12. a
3. b	8. b	13. b
4. b	9. a	14. b
5. b	10. a	15. a

2-33

Zur Aussprache: Hören Sie gut zu und wiederholen Sie.

Answers will vary.

2-34

Mein Freund Kurt.

Answers will vary.

2-35

Kleine Gespräche.

Answers will vary.

Kapitel 3

3-1

Familie Ziegler.

Answers in *italics*.

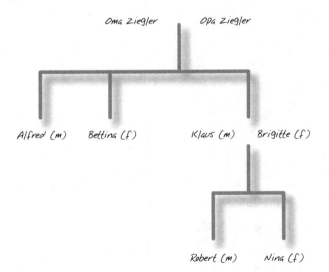

3-2

Oma Zieglers Familie.

1. richtig	6. falsch
2. falsch	7. richtig
3. richtig	8. falsch
4. falsch	9. richtig
5. falsch	10. richtig

3-3

Sigrids Stammbaum.

1. Erkan	6. siebenundvierzig
2. siebenundsechzig	7. keine/null
3. zwei	8. Olaf
4. vierzehn	9. Heinrich
5. Susanne	10. fünf

3-4

Deine Familie.

Answers will vary.

3-5

Deine Familie.

Answers will vary.

3-6

Direkte Objekte.

1. ihren Vetter Roland	5. Freunde
2. eine gute Freundin	6. ein Sommerhaus
3. einen Freund	7. das Sommerhaus
4. ein Segelboot	

3-7

Nominativ oder Akkusativ?

1. direct object
2. subject completion
3. subject completion
4. direct object
5. subject completion
6. subject completion
7. direct object

3-8

Auf dem Flohmarkt.

1. das Fotoalbum
2. die Joggingschuhe/den Tennisschläger, den Tennisschläger/die Joggingschuhe
3. den Teekessel/den Toaster, den Toaster/den Teekessel
4. den Kochtopf
5. den Wecker
6. die Kopfhörer
7. das Kinderbett/den Kinderwagen, den Kinderwagen/das Kinderbett
8. den Taschenrechner
9. die Schreibmaschine

3-9

Was passt wo?

1. eine Kamera
2. einen Job
3. eine Winterjacke
4. einen Rucksack
5. ein Visum
6. einen DVD-Spieler
7. einen CD-Spieler
8. einen Regenmantel
9. eine Pizza
10. ein Fahrrad

3-10

Was passt wo?

1. keinen Pullover
2. kein Geld
3. keine Kamera
4. keine Skier
5. keine CDs
6. keinen Wecker
7. keine Gläser
8. keinen Drucker
9. keinen Rucksack
10. keinen Regenmantel

3-11

Ein Familienpicknick.

1. die Sardinen
2. das Brot und den Käse / den Käse und das Brot
3. den Wein
4. die Chips
5. den Kaffee und den Kuchen / den Kuchen und den Kaffee
6. die Salami
7. das Bier
8. die Cola und das Mineralwasser / das Mineralwasser und die Cola
9. den Schnaps

3-12

Wer oder wen?

1. Wer
2. Wen
3. Wer
4. Wen
5. Wer
6. Wer
7. Wen
8. Wer
9. Wen
10. Wer

3-13

Kleider.

1. diese, jedes
2. diesen, dieser
3. Welche, diese
4. Dieses, jedes, diese
5. Welchen, Diesen, diese

3-14

Familie Ziegler.

1. deinen, seine, sein
2. meine, meine, ihre, ihr
3. meinen, seine, ihre
4. eure
5. unsere, unsere, unser
6. Ihre

3-15

Im Kaufhaus.

1. en, en, en, en,
   e, en
   e
   en
2. en
   en
   e
3. e
   en
   e
   e
4. e, e
   en, en, e, e

3-16

Meinungen. *(Opinions)*

1. e, es, es, es
2. en, e, es
3. e, e, en
4. er, en, en, en, en

3-17

Probleme, Probleme!

1. eine neue Jacke
2. einen neuen Rucksack
3. einen neuen CD-Spieler
4. einen neuen Rock
5. eine neue Karte
6. ein neues Handy

3-18

Ein richtiger Gourmet.

1. er	9. en
2. er	10. e
3. e	11. e
4. e	12. e
5. es	13. e
6. es	14. e
7. er	15. e
8. en	16. e

3-19

Was ist heute im Angebot?

1. deutschen/portugiesischen
2. griechische/spanische
3. texanisches/argentinisches
4. französischen/holländischen
5. ungarische/italienische
6. englischen/japanischen
7. belgische/schweizerische

3-20

Immer negativ.

1. diesen Artikel nicht
2. kein interessantes Buch
3. die neue CD nicht
4. sie nicht
5. keinen Wagen
6. keine Freundin
7. den Film *Die Fälscher* nicht
8. kein Buch von Elfriede Jelenink

3-21

Was passt zusammen?

1. ein Buch
2. seinen Wagen.
3. am Telefon.
4. zum Bus.
5. gern Schokolade.
6. ein Bad.
7. gern Dokumentarfilme.

3-22

Was passt zusammen?

1. oft viel zu schnell.
2. gern schöne Kleider.
3. du die Katze nicht ins Haus, Robert?
4. Oma Ziegler morgen?
5. sonntags immer bis zehn oder elf.
6. morgen ein Konzert.
7. der Bus hier nicht?

3-23

Kleine Gespräche.

1. bäckst	7. fährt
2. sprecht	8. läuft
3. wird	9. nimmst
4. lässt	10. siehst
5. liest	11. Schläft
6. gibt	12. trägst

3-24

Das große Familienpicknick.

1. fährt	7. fährt
2. nimmt	8. wird
3. tragen	9. gibt
4. liest	10. lässt
5. schläft	11. isst
6. sehen	12. sprichst

3-25

Was machen diese Leute?

1. Ja, essen zu Mittag
2. Nein, wäscht seinen Wagen
3. Nein, spricht mit Professor Berg
4. Nein, läuft zum Bus
5. Ja, fahren Motorrad
6. Nein, nimmt ein Bad
7. Nein, bäckt eine Pizza
8. Nein isst einen Apfel

3-26

Bernds Familie.

Specific form of answers may vary. **Answers in *italics*.**

	Vorname	Wohnort	Beruf	Hobbys
Ich	Bernd	*Hamburg*	*Journalist*	segeln
Mutter	Olivia	*Berlin*	Cellistin	*tanzen*
Vater	*David*	Berlin	*Professor*	*kochen*
Schwester	*Olivia*	*Berlin*	*Studentin*	schwimmen
Kusine	*Melanie*	*Hamburg*	*Studentin*	*segeln*

3-27

Zwei Familien.

1. In Columbus
2. In Columbus
3. In Wien
4. In Wien und Columbus
5. In Wien und Columbus
6. In Wien

3-28

Beim Skilift in Innsbruck.

1. c
2. c
3. b
4. c
5. b
6. a
7. a

3-29

Ein Verkehrsschild in Lüneburg.

1. one-way street
2. bicycles
3. closed (no access)
4. holidays
5. maximum speed

3-30

Das ist Tina Hill.

Answers may vary. Suggested answers:
1. Was ist dein Hauptfach? / Was studierst du?
2. Sprechen deine Eltern Deutsch?
3. Was machen deine Eltern? / Was sind deine Eltern von Beruf?
4. Hast du Geschwister?
5. Wie alt ist dein Bruder?

6. Was macht er? / Was ist er von Beruf?
7. Was sind deine Hobbys? / Was für Hobbys hast du?
8. Wer ist David?
9. Ist er auch Student? / Studiert er auch?

3-31

Kathrin fliegt nach Amerika.

1. in Deutschland
2. im Sommer
3. ihre Familie
4. ihre Eltern und Geschwister
5. von Frankfurt
6. mit dem Zug und der S-Bahn

Paragraph 2: In Amerika

7. in Milwaukee
8. Frau
9. Elektriker
10. drei Kinder
11. Kusine Lois
12. fährt Lois nach Deutschland

3-32

Zur Aussprache: German *ei, ai, au, eu, äu.*

1. au
2. ai
3. eu, ei
4. äu
5. au,ei
6. eu
7. ai
8. ei, eu
9. äu
10. eu
11. ei
12. au, äu

3-33

Wie schreibt man das?

1. August
2. Mai
3. neununddreißig
4. Häuser
5. ausgezeichnet
6. teuer
7. Kaiser
8. zweiundneunzig
9. Mäuse
10. Fahrzeug
11. Einzelkind
12. Kaufhäuser

3-34

Zur Aussprache. Hören Sie gut zu und wiederholen Sie.

Instructor-graded: (pronunciation)

3-35

Kleine Gespräche.

Answers may vary.

3-36

Mein Onkel Stefan.

Answers may vary.

Kapitel 4

4-1

Fragen und Antworten.

1. lernst, will
2. kaufst, soll
3. fliegen, kann
4. gehst, muss

4-2

Fragen und Antworten.

1. trinken, darf
2. arbeitest, will
3. nehmen, soll
4. gehst, mag

4-3

Kleine Gespräche.

1. darf, mögen
2. musst, soll
3. willst, mag
4. soll, können
5. willst, darf
6. Kann, will
7. kannst, muss

4-4

Ergänzen Sie.

1. Kurt kann sehr gut kochen.
2. Morgen soll es regnen. / Es soll morgen regnen.
3. Magst du Wiener Schnitzel?
4. Könnt ihr bitte meinen Wagen waschen? / Bitte, könnt ihr meinen Wagen waschen? / Könnt ihr meinen Wagen waschen, bitte?
5. Mögt ihr eure neue Professorin?
6. Darfst du immer noch nicht Auto fahren?
7. Warum dürfen Sie denn keinen Kaffee trinken?
8. Warum willst du mit Professor Weber sprechen?

4-5

***Möchte* versus *mögen*.**

1. Möchtest
2. mag
3. Mögt
4. möchtet
5. möchte
6. mag
7. Möchtet
8. mag

4-6

Kleine Gespräche.

1. mag, darfst, kann, musst
2. magst, will, kann
3. magst, will, darf
4. möchte, kann, muss, Könnt, müssen
5. Dürfen, möchtet, möchten, dürft, müsst
6. sollen, Sollen, möchte

4-7

Ergänzen Sie.

1. Magst
2. Darf
3. Möchten
4. sollen
5. muss
6. kann
7. magst
8. wollt

4-8

Was passt zusammen?

1. e
2. a
3. d
4. b
5. c

4-9

Im Restaurant.

1. c
2. g
3. d
4. a
5. f
6. e
7. b

4-10

Reisepläne.

1. c
2. b
3. a
4. a
5. b

6. c
7. a
8. c
9. a

4-11

Immer negativ.

1. wollen das Haus nicht kaufen
2. möchte nicht tanzen
3. mögen das Schnitzel nicht
4. können nicht kommen
5. möchte nicht in Wien studieren
6. dürft nicht ins Kino

4-12

Am Mittwoch hat Günter so viel zu tun!

1. fangen, an
2. steht, auf
3. geht, weg
4. kommt, zurück, fängt, an
5. kommt, heim
6. ruft, an, kommst, mit

4-13

Tina hat mittwochs auch viel zu tun!

1. aufstehen, fängt, an
2. kommt, zurück
3. weggehen, fährt, ab
4. geht, heim
5. gehen, aus

4-14

Fragen, Fragen, Fragen!

1. Stehst du immer so spät auf?
2. Darf ich das Kleid anprobieren?
3. Kommst du nächstes Wochenende mit?
4. Sieht Tinas neuer Freund gut aus?
5. Möchtest du heute Abend tanzen gehen?

4-15

Warum denn, Mama?

1. Warum darf ich denn nicht fernsehen?
2. Warum darf ich denn nicht schwimmen gehen?
3. Warum gehst du heute Abend mit Papa aus?

4. Wann kommt ihr heim?
5. Wie lang darf ich Wii spielen?

4-16

Stefan ist sehr musikalisch und sehr sportlich.

1. Ja, er spielt Gitarre.
2. Ja, er geht windsurfen.
3. Nein, er kann nicht Trompete spielen.
4. Ja, er kann Klavier spielen.
5. Ja, er spielt Eishocke.y
6. Nein, er geht nicht wandern.
7. Ja, er fährt Motorrad.
8. Nein, er spielt nicht Saxofon.

4-17

Bei der Ärztin.

1. rauchen, ungesund
2. schlecht
3. Bier
4. Bett
5. an
6. Gemüse
7. keinen
8. nächsten

4-18

Eine Fahrstunde.

1. Seien Sie nicht so nervös! / Seien Sie nicht so nervös, Frau Berg!
2. Fahren Sie nicht so schnell! / Fahren Sie nicht so schnell, Frau Berg!
3. Nehmen Sie den Fuß vom Gas! / Nehmen Sie den Fuß vom Gas, Frau Berg!
4. Parken Sie dort vor dem blauen BMW! / Parken Sie dort vor dem blauen BMW, Frau Berg!

4-19

Auf Wiedersehen!

1. Fahrt nicht zu schnell!
2. Kommt gut nach Hause!
3. Schreibt bitte gleich eine E-mail, wenn ihr heimkommt!
4. Grüßt auch alle meine Freunde!
5. Kommt bald mal wieder!

4-20

Das gibt eine tolle Party!

1. findet
2. kocht
3. backt
4. räumt, auf
5. ladet, ein
6. ruft, an

4-21

Karl braucht Rat.

1. b
2. a
3. c
4. d

4-22

Tipps von Vati.

1. Schreib uns bitte jede Woche eine E-Mail!
2. Geh nicht jeden Abend mit Freunden tanzen!
3. Steh morgens nicht immer so spät auf!
4. Sei bitte nie so taktlos wie hier zu Hause!

4-23

Tipps von Mutti.

1. Iss jeden Morgen ein gutes Frühstück!
2. Nimm auch warme Kleider mit!
3. Wasch nie weiße Hemden zusammen mit Jeans!
4. Räum auch manchmal dein Zimmer auf!
5. Sitz bitte nicht den ganzen Tag vor dem Fernseher!

4-24

Kleine Szenen.

Answers may vary. Suggested answers:

1. Trinkt keinen Alkohol!
   Seid bitte vor Mitternacht zu Hause!
   Esst bitte nicht so viel Junkfood!
2. Räum doch endlich mal dein Zimmer auf!
   Mach heute bitte mal dein Bett!
   Häng bitte deine Kleider auf!
3. Sprechen Sie doch bitte ein bisschen lauter!
   Lesen Sie diesen Artikel bis morgen bitte durch!
   Hören Sie bitte gut zu!

4-25

Und, oder, aber, sondern, denn?

1. oder, aber
2. aber
3. und, sondern, denn, oder, denn
4. oder, denn
5. oder, und, Aber

4-26

Weil oder wenn?

1. Weil sie immer zu spät aufsteht.
2. Wenn er nicht arbeiten muss.
3. Wenn meine letzte Vorlesung zu Ende ist.
4. Weil er im Herbst weiterstudieren will.
5. Weil ich nicht genug Geld habe.

4-27

Sagen Sie es anders!

1. Ich rufe meine Kusine an, wenn ich in Frankfurt ankomme.
2. Kurt will einen Wagen kaufen, wenn er genug Geld hat.
3. Du musst dein Zimmer aufräumen, wenn du heimkommst.
4. Bernd nimmt heute den Bus, weil sein Wagen kaputt ist.
5. Wir wollen heute wandern gehen, obwohl es regnen soll.
6. Claudia geht nicht zum Arzt, obwohl sie Fieber hat.

4-28

Ich kann leider nicht mitkommen.

1. freitags immer babysitten muss
2. muss jeden Freitagabend arbeiten
3. fast kein Geld mehr hat
4. am Freitag seine Eltern besuchen soll
5. geht am Freitag mit Ella ins Konzert
6. ein Referat fertig schreiben muss

4-29

Ein Telefongespräch.

1. richtig
2. falsch
3. falsch
4. richtig
5. falsch
6. richtig
7. falsch
8. richtig

4-30

Mein Vormittag.

1. Ralf
2. Tom
3. Ralf
4. Tom
5. Tom
6. Tom
7. Ralf
8. Ralf

4-31

Dein Vormittag.

Answers will vary.

4-32

Zur Aussprache: Die Umlaute *ä, ö* und *ü*.

1.	a	7.	a
2.	d	8.	d
3.	b	9.	d
4.	c	10.	c
5.	b	11.	a
6.	c	12.	b

4-33

Noch einmal, mit Gefühl!

Answers will vary.

4-34

Zur Aussprache: Hören Sie gut zu und wiederholen Sie.

Instructor-graded: (pronunciation)

4-35

Im Kloster St. Gallen.

1. Nein
2. Ja
3. Ja
4. Nein
5. Nein
6. Ja
7. Nein

4-36

Assoziationen.

1. das Glas
2. trinken
3. der Nachtisch
4. die Scheibe
5. die Bibliothek
6. lesen
7. spielen
8. fahren
9. die Vorlesung
10. die Schüssel

4-37

Kleine Gespräche.

Answers may vary. Suggested translations:

1. > Sollen wir heute Abend tanzen gehen?
   < Ich kann nicht. Ich muss mein Referat fertig schreiben.
2. > Warum willst du dein Auto (deinen Wagen) verkaufen, Ralf?
   < Ich will nicht, ich muss. Ich brauche Geld.
3. > Was isst du zum Nachtisch? Eis oder ein Stück Kuchen?
   < Ich esse lieber Obst. Ich möchte schlank bleiben.
4. > Warum nimmst du keine Wurst?
   < Weil ich kein Fleisch essen darf.
5. > Bist du heute Nachmittag zu Hause?
   < Nein, heute komme ich erst um halb acht nach Hause.
6. > Siehst du immer so viel fern?
   > Nein, nur am Wochenende.

4-38

Lebensgewohnheiten.

Answers may vary. Suggested translation:

Lukas ist sehr fit. Er steht immer früh auf und geht joggen, weil er fit bleiben will. Er fährt auch Rad, wenn er Zeit hat. Aber er macht nicht nur Sport. Er isst sehr wenig Fleisch, aber viel Obst und frisches Gemüse. Zum Frühstück isst er keinen Käse, keine Wurst und keine Eier, sondern eine große Schüssel Müsli. Lukas sieht auch sehr gesund aus, weil er so gesund lebt.

Kapitel 5

5-1

Kleine Gespräche (Nominativ).

1. wir rufen den Chef morgen an / den Chef rufen wir morgen an / morgen rufen wir den Chef an
2. ich kenne Angela Merkel / Angela Merkel kenne ich
3. er wäscht den Wagen / den Wagen wäscht er
4. ich mag das Hotel / das Hotel mag ich
5. wir buchen die Reise nach Schottland / die Reise nach Schottland buchen wir
6. ihr müsst die Fahrkarten abholen / die Fahrkarten müsst ihr abholen
7. ich möchte Peter kennen lernen / Peter möchte ich kennen lernen
8. ich kenne dieses Buch / dieses Buch kenne ich
9. wir bringen die Fahrräder mit / die Fahrräder bringen wir mit

5-2

Kleine Gespräche (Akkusativ).

1. wir rufen ihn morgen an / morgen rufen wir ihn an / ihn rufen wir morgen an
2. ich kenne sie / sie kenne ich
3. er wäscht ihn / ihn wäscht er
4. ich mag es / es mag ich
5. wir buchen sie / sie buchen wir
6. ihr müsst sie abholen / sie müsst ihr abholen
7. ich möchte ihn kennen lernen / ihn möchte ich kennen lernen
8. ich kenne es / es kenne ich
9. wir bringen sie mit / sie bringen wir mit

5-3

Was ist das?

1. Kamera, sie, meine Kamera
2. Surfbrett, es, sein Surfbrett
3. Torte, sie, unsere Torte
4. Schuhe, sie, deine Schuhe
5. Haus, es, ihr Haus
6. Katze, sie, eure Katze
7. Pullover, ihn, mein Pullover

5-4

Kleine Gespräche.

1. du, ihren, er, sie
2. Ihr, mich, meine / Ihr, meine, mich

3. euren, wir, ihn, seine
4. dich, dein, dich, mein, mich
5. ihr, sie, Sie, sie
6. eure, euch, sie, uns

5-5

Kennst du diese Leute schon?

1. ihn
2. ihn
3. sie
4. ihn
5. sie

5-6

In und um München.

1. es	5. es
2. sie	6. sie
3. ihn	7. ihn
4. ihn	8. sie

5-7

Was passt wo?

1. für	4. für
2. durch	5. gegen
3. gegen	6. gegen

5-8

Was passt two?

1. ohne	4. ohne
2. um	5. ohne
3. um	6. um

5-9

Was passt two?

1. gegen, ihn
2. für, Sie
3. gegen, mich
4. ohne, dich
5. für, dich
6. ohne, ihn

5-10

Ergänzen Sie!

1. durch, en
2. um
3. für / gegen, gegen /für, en
4. ohne, en
5. um, en
6. ohne, e
7. Für, e

5-11

Ein Fußballspiel.

1. c
2. e
3. b
4. a
5. f
6. d

5-12

Du und ich.

1. Schläfst du auch so lang wie ich?
   Ich schlafe viel länger als du.
2. Liest du auch so gern wie ich?
   Ich lese viel lieber als du.
3. Bäckst du auch so viel wie ich?
   Ich backe viel mehr als du.
4. Wäschst du auch so oft wie ich?
   Ich wasche viel öfter als du.
5. Fährst du auch so schnell wie ich?
   Ich fahre viel schneller als du.
6. Sprichst du auch so gut Deutsch wie ich?
   Ich spreche viel besser Deutsch als du.

5-13

Vergleiche.

1. a. billiger / preisgünstiger
   b. billigeren / preisgünstigeren
2. a. größer
   b. größere
3. a. kleiner
   b. kleinere
4. a. länger
   b. längere
5. a. kürzer
   b. kürzere
6. a. älter
   b. ältere
7. a. höher
   b. höhere

5-14

Anders gesagt.

1. schicker als
2. eleganter als
3. cooler als
4. schöner als
5. interessanter als
6. hübscher als
7. netter als

5-15

Der Superlativ (I).

1. liebsten
2. schönsten, grünsten
3. schnellsten
4. frühesten/spätesten, spätesten/frühesten
5. meisten/wenigsten, wenigsten/meisten
6. interessantesten
7. preisgünstigsten
8. vollsten
9. schicksten, teuersten

5-16

Wer weiß es am besten?

1. am besten
2. am liebsten
3. am schönsten
4. am meisten
5. am schnellsten
6. am schlechtesten

5-17

Der Superlativ (II).

1. heißeste, kälteste
2. längsten, kürzesten
3. berühmteste
4. elegantestes / teuerstes, teuerstes / elegantestes
5. jüngster, größte
6. höchster
7. besten
8. billigsten
9. reichsten/glücklichsten, glücklichsten/reichsten

5-18

Urlaubspläne.

1. die größte
2. das sonnigste
3. den billigsten
4. den elegantesten
5. die beste
6. die coolste
7. die interessantesten

5-19

Dass, weil oder wenn?

1. weil, will
2. dass, isst
3. dass, aufstehe
4. weil, aufstehe
5. Wenn, aufsteht
6. wenn, liest
7. dass, soll
8. dass, hat
9. Weil, wird

5-20

Fragen, Fragen, Fragen (I).

1. a. wie
   b. wie ich am schnellsten zum Bahnhof komme
2. a. wann
   b. wann der nächste Zug nach Wien fährt
3. a. Wie
   b. wie spät es jetzt ist
4. a. Wo / Wie
   b. wo ich eine Fahrkarte kaufen kann / wie ich eine
      Fahrkarte kaufen kann
5. a. Wie viel / Was
   b. wie viel eine einfache Fahrt nach Wien kostet / was
      eine einfache Fahrt nach Wien kostet

5-21

Fragen, Fragen, Fragen (II).

1. ob das der Zug nach Wien ist
2. ob ich eine Platzreservierung für diesen Zug brauche
3. ob der Zug aus Gleis 11 abfährt
4. ob es ein Bistro in dem Zug gibt
5. ob man in Wien um 10 Uhr abends noch ein Hotel
   finden kann

5-22

Eine Reise nach Konstanz.

1. wann der Zug nach Lindau abfährt
2. wann dieser Zug in Lindau ankommt
3. ob das das Schiff nach Konstanz ist
4. wann dieses Schiff in Konstanz ankommt
5. ob es in Konstanz eine Jugendherberge gibt
6. wo die Jugendherberge ist
7. wie ich zur Universität komme
8. ob das Auslandsamt noch offen hat

5-23

Wer weiß das?

1. Weißt, weiß, weiß
2. Wissen, weiß, wissen, wissen
3. Wisst, weiß, Weißt, weiß, wissen
4. Wissen, wissen, wissen

5-24

Kleine Gespräche.

1. warst, hatte
2. wart, waren, Hattet, war
3. hattest, war
4. war, hatten
5. waren, hatten
6. waren, hatte, war

5-25

Ich wollte, aber ...

1. wollte, konnte, konntest, musste
2. wollte, durfte, durfte, musste
3. wollten, konnten, konntet, sollten
4. wollte, durfte, durftest, musste

5-26

Freizeit in München.

1. wollte
2. musste
3. mochte
4. konnten, wollte
5. sollte, wollte

5-27

Ferienzeit am Grundlsee.

1. wollte
2. sollte, durfte
3. mochten, konnten
4. durfte
5. konnten, konnte

5-28

Kurze Dialoge.

1. waren, waren, Hatten, waren
2. warst, hatte, musste
3. Wolltest, durfte, musste

5-29

Beim Winterschlussverkauf.

Answers will vary. Suggested answers:

1. Wie viel (Was) kostet die rote Jacke?
2. Darf ich sie anprobieren?
3. Ja, sehr gut. Ich glaube, ich nehme sie.
4. Nein, danke. Ich bin Studentin und ich habe nicht genug Geld.

5-30

Eine Wetterstation.

1. fast 770 Torr (etwa 1 026 Millibar)
2. eine hohe relative Luftfeuchtigkeit
3. etwa 32° Celsius
4. bekommen wir besseres Wetter
5. bekommen wir schlechteres Wetter
6. ist die Luft trockener als bei 60%
7. ist die Luft feuchter als bei 60%
8. gibt es ein Gewitter
9. werden Eis und Schnee zu Wasser

5-31

Wir fliegen nach Europa.

1. der Flug nach Düsseldorf
2. $848
3. $745
4. Kinder, Senioren
5. $428
6. $214
7. $214

5-32

Auch Martin macht Pläne. Erstes Verstehen.

1. 5
2. 4
3. 7
4. 2
5. 1
6. 6
7. 3

5-33

Auch Martin macht Pläne. Detailverstehen

Answers may vary. Suggested answers:

1. Martin will morgen bis zehn oder halb elf schlafen.
2. Sie haben nicht so viel Zeit.
3. Er will beim Schnellimbiss mit Claudia eine Knackwurst essen.
4. Claudia findet die alten Bilder dort nicht interessant.

5. Der Eisbach ist noch viel zu kalt.
6. Zu Hause ist es billiger (als im Mövenpick).
7. Zuletzt will Martin ins Kino gehen.

5-34

Schöne Tage in München.

1. f
2. j
3. e
4. h
5. c
6. i
7. a
8. d
9. g
10. b

5-35

Zwei Nachrichten auf Lillis Anrufbeantworter.

1. falsch
2. richtig
3. falsch
4. richtig
5. richtig
6. falsch
7. richtig
8. falsch

5-36

Die besten Ferien.

1. Winter / Januar, Österreich
2. Sommer, Bodensee
3. Herbst, Berlin / Berlin und Potsdam / Potsdam und Berlin

5-37

Deine Ferien.

Answers will vary.

5-38

Deine Ferien.

Answers will vary.

5-39

Synonyme.

1. anrufen
2. ein bisschen
3. Ich habe Hunger.
4. der Vormittag
5. schwimmen
6. mögen
7. die Menschen
8. ich heiße
9. anfangen
10. Wie spät ist es?

11. Tschüss!
12. täglich
13. das Auto
14. fantastisch
15. elegant
16. machen

5-40

Zur Aussprache: German *ch*.

Recorded answers should be:

1. Woche
2. reich
3. Milch
4. sechs
5. Töchter
6. kochen
7. Ochse
8. wichtig
9. hoch

5-41

Zur Aussprache: Hören Sie gut zu und wiederholen Sie.

Recorded answers should be:

1. Mein Nachbar ist Architekt.
2. Mein Nachbar kommt aus Frankreich.
3. Mein Nachbar spricht sechs Sprachen.
4. Mein Nachbar hat acht Töchter.
5. Mein Nachbar wird bald sechzig.
6. Mein Nachbar spielt gern Schach.
7. Mein Nachbar kocht auch gern.

5-42

Kleine Gespräche.

Answers may vary. Suggested answers:

1. Sabine: Do you need the car every Saturday?
    Holger: No, next Saturday I don't need it.

2. Tina: Robert is working in Austria next summer.
    Oliver: Who is he working for there?
    Tina: For his uncle.

3. Frau Blum: Excuse me, do you know where the next travel agency is?
    Herr Roth: Yes, it's right around the corner.

4. Vanessa: Where would you like to go on vacation this year?
    Florian: I'd like to go camping in the Black Forest.

Vanessa: Good, then we don't have to spend so much money.
Florian: I know a couple of fantastic campgrounds there.
Vanessa: And I know how beautiful the landscape is there: the mountains and the valleys, the fields and the forests, and the pretty, little villages.

5. Lukas: Florian is crazy! He is supposed to be studying for a test, and what is he doing? He's sitting by the Grundlsee and fishing.
    Julia: I know, but I think that he'll get an A (eine Eins) anyway.

6. Laura: Why weren't you at Lisa's party last night?
    Maria: I didn't have time because I had to study for a test.
    Laura: Why couldn't you study in the afternoon?
    Maria: Because I work at Denner's fast-food stand every afternoon.

5-43

Ferienreisen.

Answers may vary. Suggested answers:

Mein Freund Sebastian macht immer die interessantesten und tollsten (fantastischsten) Reisen. Letztes Jahr war er in Nepal und für nächsten Sommer will er einen Flug nach Peru buchen. Er geht gern wandern. Er will in die Anden (gehen) und Machu Picchu sehen.

Mein Freund Moritz reist auch gern, aber nur in Europa, und er übernachtet immer in Hotels. Ich finde das ein bisschen langweilig. Ich finde eine Jugendherberge oder einen Campingplatz viel interessanter als ein Hotel, weil man dort mehr Menschen (Leute) kennen lernt.

Kapitel 6

6-1

Silvias freier Tag.

1. hat	6. hat	11. repariert
2. gehört	7. gefüttert	12. gespielt
3. hat	8. gemacht	13. hat
4. gekocht	9. telefoniert	14. gelernt
5. gefrühstückt	10. hat	

6-2

Viel zu tun.

1. gemäht	3. repariert	5. gekocht
2. geputzt	4. geübt	

6-3

Gestern war ein interessanter Tag!

1. gewaschen
2. getrunken
3. gesungen
4. gefunden
5. gerufen

6-4

Ergänzen Sie.

1. wer diesen Artikel geschrieben hat?
2. Heute Morgen habe ich einen Apfelkuchen gebacken.
3. weil du sie nicht gegossen hast.
4. Hast du mit Professor Müller Deutsch gesprochen ?
5. Hast du die Blumen geschnitten?
6. Gestern habe ich ein tolles Buch gelesen.

6-5

Schon gemacht?

1. waschen
2. streicht
3. schreibt
4. spricht
5. lese
6. sehen

6-6

Warum *sein* als Hilfsverb?

1. C
2. L
3. N
4. C
5. C

6-7

***Sein* als Hilfsverb.**

1. Wie ist Frau Berg denn so krank geworden?
2. dass Frau Berg gestorben ist?
3. Wann bist du gestern Abend ins Bett gegangen?
4. In Deutschland bin ich viel Rad gefahren.
5. Wo seid ihr gestern Abend gewesen?
6. Warum seid ihr nicht mit Lufthansa geflogen?

6-8

Was fehlt hier?

Infinitive	Present Tense	Past Participle
singen	er *singt*	hat gesungen
schlafen	er schläft	*hat geschlafen*
gehen	er *geht*	ist gegangen
bleiben	er *bleibt*	*ist geblieben*
scheinen	die Sonne *scheint*	hat geschienen

Infinitive	Present Tense	Past Participle
liegen	er *liegt*	*hat gelegen*
sehen	er sieht	*hat gesehen*
fahren	er *fährt*	*ist gefahren*
waschen	er *wäscht*	hat gewaschen
nehmen	er *nimmt*	*hat genommen*
stehen	er *steht*	*hat gestanden*
lesen	er *liest*	hat gelesen
essen	er *isst*	hat gegessen
kommen	er *kommt*	*ist gekommen*
sitzen	er *sitzt*	hat gesessen
sprechen	er *spricht*	*hat gesprochen*

6-9

Ralfs freier Tag.

1. hat
2. geschienen
3. hat
4. geschlafen
5. hat
6. genommen
7. hat
8. gegessen
9. getrunken
10. hat
11. gebacken
12. ist
13. gegangen
14. hat
15. gewaschen
16. ist
17. gekommen
18. hat
19. getrunken
20. gegessen
21. gesehen
22. hat
23. geschrieben
24. hat
25. gesprochen
26. ist
27. gegangen
28. hat
29. geschlafen

6-10

Ein Gespräch um drei Uhr morgens.

1. Bernd war krank und ist deshalb zu Hause geblieben.
2. Lutz und Frank sind erst morgens um drei nach Hause gekommen.
3. Bernd hat die beiden dann viel gefragt.
4. Was habt ihr denn so lang gemacht?
5. Zuerst haben wir bis halb zwei getanzt.
6. Und dann sind wir noch zu Nicole gefahren.
7. Zu Nicole? Warum war Nicole denn nicht auf Annas Party?
8. Sie hatte keine Zeit. Sie musste ein paar wichtige E-Mails schreiben.
9. Hat Nicole für euch Kaffee gekocht?
10. Nein, wir haben Cola getrunken und Pizza gegessen.

6-11

Kleine Gespräche.

1. Warum bist du heute Morgen so spät aufgestanden?
2. Weil ich gestern erst um zwölf heimgekommen bin.
3. Du hast dann bestimmt noch stundenlang ferngesehen.
4. Nein, aber ich habe meinen neuen Scanner ausprobiert.
5. Warum seid ihr erst um Mitternacht in Berlin angekommen?
6. Weil wir erst am Abend in Bremen abgefahren sind.
7. Gestern Abend hat Bernd mich angerufen.
8. Seid ihr zusammen ausgegangen?
9. Nein, wir haben das neue Album von Peter Fox angehört.

6-12

Was Daniel heute alles gemacht hat.

a. 4
b. 6
c. 2
d. 8
e. 5
f. 3
g. 1
h. 7

6-13

Fragen und Antworten.

1. Hat Professor Schwarz heute wieder nur Anekdoten erzählt?
2. Nein, heute hat er den Akkusativ erklärt.
3. Hat Kurt deinen neuen Scanner ausprobiert?
4. Ja, und er hat gleich auch einen bestellt.
5. Habt ihr in München Stephanie Braun besucht?
6. Wir haben es versucht, aber sie war nicht zu Hause.
7. Gestern habe ich im Supermarkt gleich für vierzehn Tage eingekauft.
8. Und wie hast du das alles bezahlt?

6-14

Gute Vorsätze.

3. hat sie Monika im Krankenhaus besucht / hat Claudia Monika im Krankenhaus besucht
4. für ihren Englischkurs hat sie nicht angehört / für ihren Englischkurs hat Claudia nicht angehört
5. Referat hat sie nicht durchgelesen / Referat hat Claudia nicht durchgelesen
6. hat sie eingekauft / hat Claudia eingekauft
7. ist in die Bibliothek gegangen und hat die Bücher zurückgegeben
8. hat Sabine angerufen und sie zu Martins Party eingeladen
9. hat sie nicht bezahlt / hat Claudia nicht bezahlt
10. ist zum Schuhmacher gegangen und hat ihre Wanderschuhe abgeholt
11. hat mit Martin ihren neuen Tennisschläger ausprobiert
12. altes Fahrrad hat sie nicht verkauft / altes Fahrrad hat Claudia nicht verkauft

6-15

Was passt?

1. ist, gerannt
2. haben, genannt
3. hat, gebracht
4. habe, gedacht
5. habe, gewusst
6. habe, gekannt
7. hat, gebracht
8. hat, genannt

6-16

Historische Daten.

Answers may vary. Suggested answers.

1933	ist Hitler Kanzler geworden.
1939	ist Hitlers Armee in Polen einmarschiert und der zweite Weltkrieg hat begonnen.
1945	hat Nazi-Deutschland kapituliert.
1949	sind aus Deutschland zwei Staaten geworden: die Bundesrepublik Deutschland und die Deutsche Demokratische Republik.
1953	haben die ostdeutschen Arbeiter gegen den kommunistischen Staat rebelliert.
1961	hat die DDR die Berliner Mauer gebaut.
1963	hat J.F. Kennedy in Berlin die berühmten Worte gesagt: „Ich bin ein Berliner."
1989	hat Erich Honecker, der Staats- und Parteichef der DDR, proklamiert: „Die Mauer steht noch in hundert Jahren."
1989	hat die DDR die Berliner Mauer geöffnet.
1990	sind Ost- und Westdeutschland wieder ein Land geworden.

6-17

Annas Tag.

1. falsch
2. falsch
3. richtig
4. richtig
5. falsch
6. richtig
7. falsch
8. richtig

6-18

Was hat Anna heute gemacht?

1. ist, aufgestanden
2. hat, abgeholt , gebracht
3. hat, durchgelesen
4. hat, besucht
5. hat, erzählt
6. sind, gerannt
7. haben, anprobiert
8. sind, ausgegangen
9. sind, heimgekommen

6-19

Ein toller Ferienjob.

1. 5
2. 7
3. 2
4. 6
5. 3
6. 4

6-20

Was hast du gestern gemacht?

Answers will vary.

6-21

Was hast du gestern gemacht?

Answers will vary.

6-22

Daten.

1. te, ten, Dritten
2. sten, te, Neunzehnte
3. sten, te, Siebenundzwanzigste
4. te, te, Sechzehnte
5. en, ten, dreißigsten, Elften
6. sten, ten, ersten, Sechsten
7. sten, ten, vierte
8. vierzehnten, Zweiten

6-23

Den Wievielten haben wir …?

1. den Siebten
2. den Neunten
3. den Zwölften
4. den Zweiundzwanzigsten
5. den Fünften
6. den Dritten
7. den Achtundzwanzigsten

6-24

Geburtstage.

1. 20. April
2. 1. Mai
3. 29. Februar
4. 14. September
5. 7. Juli
6. 30. Dezember

6-25

Ein Brief aus Berlin.

1. hat
2. gemacht
3. haben
4. gesessen
5. sind
6. gegangen
7. bin
8. eingeschlafen
9. sind
10. aufgestanden
11. haben
12. gegessen
13. sind
14. gelaufen
15. habe
16. fotografiert
17. hat
18. eingeladen
19. habe
20. gekannt
21. besucht
22. hat
23. sind
24. aufgeblieben
25. haben
26. ausgefragt
27. hast
28. gearbeitet

6-26

Ein freier Tag.

1. her
2. hin
3. hin
4. hin
5. hin
6. her
7. hin
8. hin
9. her
10. hin
11. hin
12. hin
13. her
14. hin

6-27

Hin and her.

1. a
2. b
3. a
4. a
5. b
6. a

6-28

Eins, zwei, drei, die Schmerzen sind vorbei. Die Radtour

a. 2
b. 4
c. 1
d. 5
e. 3

Im Krankenhaus

a. 3
b. 2
c. 1

6-29

Aus Karl Ottmans Tagebuch.

1. a, c
2. a, b, c
3. b
4. a, b
5. b, c
6. c

6-30

Ein bisschen Familiengeschichte.

1. falsch
2. falsch
3. richtig
4. falsch
5. falsch
6. falsch

6-31

Toms Vorfahren.

1. b
2. a
3. b
4. a
5. a
6. b

6-32

Zwei neue Mitbewohner.

1. aus Mexiko
2. aus England
3. 22 / zweiundzwanzig
4. 19 / neunzehn
5. sehr groß
6. kurzes, schwarzes / kurzes und scharzes / schwarzes, kurzes / schwarzes und kurzes
7. mittelgroß
8. langes, blondes / langes und blondes / blondes, langes / blondes und langes

6-33

Ein Blick zurück.

1. falsch
2. richtig
3. falsch
4. richtig
5. richtig
6. falsch
7. richtig
8. richtig

6-34

Assoziationen.

1. der Hörsaal
2. die Universität
3. die Lösung
4. die Zehe
5. der Arm
6. die Haare
7. der Mund
8. die Ohren
9. die Zimmerpflanze
10. das Flugzeug

6-35

Zur Aussprachw: German *l*.

1. b
2. b
3. b
4. a
5. a
6. b
7. a
8. a
9. a
10. a

6-36

Hören Sie gut zu und wiederholen Sie.

6-37

Kleine Gespräche.

Answers may vary. Suggested translation.

Lisa:	Why haven't you packed your suitcase yet?
Sarah:	Because I don't know how much I should take along.
Frau Smith:	Where are your ancestors on your mother's side from?
Frau Jones:	My grandmother is from Austria and my grandfather is from Germany.
Frau Smith:	When did they emigrate to America?
Frau Jones:	My grandfather emigrated in 1948 and my grandmother arrived here six years later.
Oliver:	What's the date today?
Paul:	Today's the nineteenth.
Lehrer:	When did the First World War begin?
Schüler:	On the twenty-eighth of July 1914.
Olivia:	What kind of a summer job did you have last year?
Sam:	I worked for a painter and earned a lot of money.

6-38

Aus Stefans Tagebuch.

Answers may vary. Suggested translation.

21.6.09

Heute war ein schlechter Tag. Es hat schon am Morgen (morgens, am Vormittag) angefangen (begonnen). Weil ich meinen Wecker nicht gehört habe, habe ich bis elf geschlafen. Meine erste Vorlesung hat um halb zehn angefangen (begonnen) und um halb elf sollte ich mein Referat für Philosophie abgeben.

Um zwölf hatte ich ein Interview für einen Ferienjob als Verkäufer(in) bei Computer World. Ich bin wie verrückt gerannt und bin eine Minute nach zwölf bei

Computer World angekommen. Leider ist das Interview gar nicht gut gegangen und ich glaube (denke) nicht, dass ich den Job bekomme. Der Personalchef ruft mich morgen früh (Vormittag) an.

22.6.09

Ich kann es kaum glauben! Ich habe den Job bekommen und die Bezahlung ist gar nicht schlecht. Ich kann übermorgen anfangen (beginnen).

Kapitel 7

7-1

Margaret war in Österreich.

1. none
2. Margaret
3. none
4. ihren Freundinnen
5. Margaret
6. none
7. none
8. ihren Freundinnen
9. jeder Freundin
10. Stefan

7-2

Indirektes Objekt und direktes Objekt.

1. b
2. c
3. a
4. e
5. f
6. d
7. h
8. i
9. g

7-3

Dativ.

1. er
2. en
3. em
4. en
5. er
6. em

7-4

Wem schenkt Katja das alles?

1. e
2. f
3. a
4. c
5. b
6. d

7-5

Astrids Geburtstag.

1. none / None
2. meinen Freundinnen
3. none / None
4. ihr
5. ihrer Tochter
6. none / None
7. none / None
8. uns

7-6

Was oder *wem*?

1. Was
2. Wem
3. Wem
4. Was
5. Was
6. Wem

7-7

Weihnachtszeit.

A

1. d
2. b
3. a
4. c

B

5. c
6. b
7. d
8. a

7-8

Ergänzen Sie!

1. mir
2. dir
3. Ihnen
4. mir
5. euch
6. uns
7. ihnen
8. ihm
9. ihm

7-9

Was schenkt Leah ihrer Familie zu Chanukka?

1. ihr einen Kalender
2. ihm einen Pullover
3. ihnen ein paar Flaschen Wein
4. ihnen zwei Barbiepuppen
5. ihr eine Halskette
6. ihm neue Joggingshorts
7. ihm einen neuen Fahrradhelm

7-10

Kleine Gespräche.

1. Ihnen das Buch
2. es mir
3. Michael ein Buch
4. ihm ein T-Shirt
5. ihrem Sohn ein Motorrad
6. ihm einen Wagen
7. mir zwanzig Euro
8. sie mir

7-11

Fragen und Antworten.

1. es uns
2. sie mir
3. es ihm
4. sie ihnen
5. sie mir
6. ihn ihnen
7. es ihm
8. sie ihr
9. es ihm
10. sie ihr

7-12

Was passt in jeder Gruppe zusammen?

A

1. d
2. c
3. e
4. b
5. a

B

6. i
7. j
8. f
9. h
10. g

7-13

Reaktionen.

1. danke
2. gratuliere
3. helfen
4. steht
5. gehört
6. gefällt
7. antworte

7-14

Fragen und Antworten.

1. b
2. c
3. d
4. a

7-15

Fragen und Antworten.

1. ihr
2. ihnen
3. mir
4. uns
5. ihm

7-16

Kurze Gespräche.

1. c
2. a
3. d
4. f
5. e
6. b

7-17

Aus, außer, bei oder mit?

1. Mit
2. aus
3. bei
4. außer
5. mit
6. Bei

7-18

Aus, außer, bei oder mit?

1. b
2. d
3. a
4. e
5. c

7-19

Nach, seit, von oder zu.

1. d
2. e
3. c
4. b
5. f
6. a

7-20

Nach, seit, von oder zu.

1. Von
2. Von
3. nach
4. nach
5. seit
6. Seit
7. zu
8. Von

7-21

Was passt?

1. b
2. b
3. a
4. b
5. a
6. b
7. a
8. b
9. a
10. a

7-22

Mutter hat viele Fragen.

1. Beim
2. Beim
3. Zum, zur
4. Beim
5. Vom
6. Zur, vom / beim

7-23

Wo? Wohin? Woher?

1. Zum
2. Vom
3. Beim

4. Vom
5. Zum
6. Vom

7-24

Wo? Wohin? Woher?

1. Zum
2. Beim
3. Beim

4. Vom
5. Zur

7-25

Präposition + Pronomen **oder** *da–Form?*

1. daraus
2. mit ihm
3. damit
4. danach
5. davon

6. von ihm
7. damit
8. bei ihr
9. dazu
10. dabei

7-26

Claudia und ihre Freunde.

1. von ihm
2. davon
3. davon
4. mit ihr

5. dazu
6. danach
7. zu ihnen / zu ihr

7-27

Nach, zu, aus **oder** *von?*

1. Von
2. Aus
3. Zu
4. Aus
5. Nach

6. von
7. Zu
8. Von
9. Von
10. Zu

7-28

Reisepläne.

1. zu
2. bei
3. nach
4. von
5. mit

6. bei
7. nach
8. nach
9. aus

7-29

Seit …

1. em
2. em
3. er
4. er

5. em
6. em
7. n

7-30

Was bedeutet *seit?*

1. since
2. for
3. for
4. since

5. for
6. since
7. since
8. since

7-31

Zwei kleine Dialoge.

A

1. zum
2. nach

3. zum / zu
4. seit

B

5. Aus
6. seit

7. von
8. nach

7-32

Mein Geburtstag.

1. gutes
2. ganzen
3. besten
4. einundzwanzigsten
5. ältester
6. halben
7. deutschen

8. echtem
9. delikate
10. feinen
11. tollen
12. wunderbaren
13. schönen

7-33

Wer ist das?

1. e
2. en
3. en
4. e
5. en
6. es

7. e
8. e
9. e
10. em
11. en
12. e

7-34

Eine E-Mail aus Japan.

1. älteren
2. japanischen
3. kleinen, größeren
4. halben
5. frischem
6. süßer, dunkler, grünem
7. japanischem
8. kurzen
9. japanischen

7-35

Drei Schilder.

1. Parkhaus
2. 2,10 Meter / 2,10 m / 2,10 M
3. Fahrrädern
4. Kein Spielplatz / kein Spielplatz
5. verboten

7-36

Liebe Tante Klara.

1. g	5. a	9. i
2. c	6. f	10. d
3. j	7. b	
4. e	8. h	

7-37

Sylvia hat Geburtstag.

1. b	5. b
2. a	6. a
3. a	7. b
4. b	8. b

7-38

Mein Berlin.

1. falsch	6. richtig
2. richtig	7. falsch
3. richtig	8. falsch
4. falsch	9. richtig
5. richtig	10. falsch

7-39

Zur Aussprache: German *r*.

1. b	6. b
2. a	7. b
3. a	8. a
4. b	9. b
5. a	10. a

7-40

Zur Aussprache: Hören Sie gut zu und wiederholen Sie.

Instructor-graded: (pronunciation)

7-41

Eine Geburtstags-E-Mail.

Answers will vary.

7-42

Eine Postkarte aus Berlin.

Answers will vary.

Kapitel 8

8-1

Was passt?

1. Wohin, Wo	4. Wohin, Wo
2. Wohin, Wo	5. Wo, Wohin
3. Wo, Wohin	6. Wo, Wohin

8-2

Besuch in der neuen Wohnung.

1. a	6. b
2. a	7. a
3. b	8. b
4. a	9. b
5. a	10. b

8-3

***Wohin* oder *wo*?**

1. diese	4. die
2. der	5. dem
3. dem	6. die

8-4

Wie sieht es jetzt in deiner Wohnung aus?

1. der Küchentür
2. die Couch / den Sessel / das Sofa
3. den Schreibtisch
4. der Couch/ dem Sofa
5. dem Landschaftsbild / dem Picasso; dem Picasso / dem Landschaftsbild
6. dem Bücherregal
7. den Sessel
8. den Schreibtisch
9. die Couch / das Sofa
10. die Couch / das Sofa

8-5

Finden Sie die richtigen Verben!

1. gelegt
2. gehängt
3. Leg
4. gelegt
5. lege
6. gestellt
7. steht
8. Steht
9. gestellt
10. gestellt

8-6

Ich habe schon wieder Besuch.

1. stellt
2. Legt
3. stehen
4. Hängt
5. liegt
6. liegt, lege

8-7

Präposition + Pronomen oder da-Form?

1. darauf
2. darunter
3. über mir
4. daneben
5. neben ihm
6. darüber
7. dahinter
8. vor mir
9. dazwischen

8-8

Was ist die richtige Antwort?

1. Ja, er wohnt leider immer noch über mir.
2. Ja, sie ist direkt darüber.
3. Nein, er wohnt schon lange nicht mehr bei ihnen.
4. Nein, sie ist direkt dahinter.
5. Ja, gleich rechts daneben.
6. Nein, jetzt arbeitet er unter ihr.

7. Nein, sie ist leider nicht darin.
8. Ich esse immer erst danach.
9. Heute gehe ich vor ihr nach Hause.
10. Nein, ich sitze meistens neben ihr.

8-9

An, auf oder in?

1. an
2. an
3. in
4. auf
5. auf
6. auf
7. in
8. auf
9. in
10. in
11. in

8-10

An, auf, oder in?

1. ans
2. ins
3. am
4. im
5. aufs
6. auf
7. an

8-11

Zu viele Fragen.

1. auf den Markt
2. auf die Bank
3. auf die Post
4. in die USA
5. ins Erzgebirge / in das Erzgebirge
6. ans Schwarze Meer / an das Schwarze Meer
7. ins Kino / in das Kino
8. ans Telefon / an das Telefon

8-12

Frau Benders Reise.

1. Im
2. am
3. Zwischen
4. vor
5. im
6. im

8-13

Kleine Gespräche.

1. er
2. en
3. er
4. em
5. em
6. er
7. em

8-14

Wann, wann, wann?

1. Zwischen
2. In
3. Vor
4. In
5. Am
6. vor

8-15

Urlaubspläne.

1. a
2. c
3. b
4. a
5. a
6. b
7. c
8. c
9. b

8-16

Kürzer gesagt.

1. jeden Morgen joggen zu gehen
2. deine Koffer zu packen
3. heute Nachmittag mit uns schwimmen zu gehen
4. mich heute Abend anzurufen
5. bei uns zu Abend zu essen
6. Ferien zu haben
7. mit Professor Wieland zu sprechen

8-17

Kurze Dialoge.

1. zu essen
2. anzurufen
3. spazieren zu gehen
4. umzuziehen
5. anzuschauen
6. zu Fuß zu gehen
7. schlafen zu gehen

8-18

Wozu brauchst du das?

1. e
2. a
3. c
4. f
5. d
6. b

8-19

Zu oder um ... zu?

1. c
2. b
3. a
4. e
5. d
6. f
7. h
8. g
9. i

8-20

Der Genitiv.

1. deines Vaters
2. dieses Wagens
3. Frau Meyers
4. Monikas
5. meiner Schwester
6. unserer Nachbarn
7. deines Computers
8. Bernds
9. dieses Films
10. dieses Buches

8-21

Wer ist denn das?

1. Tante
2. Onkel
3. Vetter
4. Nichten / Neffen, Neffen / Nichten
5. Onkel
6. Kusine
7. Vater

8-22

Ergänzen Sie!

1. er
2. es
3. es
4. er
5. es
6. es

8-23

Genitiv.

1. er, en
2. er, en
3. es, en, s/es
4. es, en, s
5. es, en, s

8-24

Wem gehört das?

1. meiner alten Großmutter
2. unseres neuen Mitbewohners
3. unserer neuen Nachbarn
4. meines verrückten Onkels
5. eines russischen Ölmagnaten

8-25

Singular- und Pluralformen.

1. Tisch
2. Stühle
3. Tür
4. Zimmer
5. Wände
6. Lampe
7. Betten
8. Bücherregal
9. Fernseher
10. Papierkorb

8-26

Kombinationen.

1. streetcar
2. Milky Way
3. outdoor restaurant
4. side street
5. street musician
6. through street
7. streetcar stop
8. detour
9. mountain pass
10. road race
11. expressway
12. main street
13. road map
14. one-way street

8-27

Was ist das?

1. f
2. a
3. b
4. d
5. c
6. e

8-28

Wo soll Tim wohnen?

1. Wohnung
2. nicht möbliert
3. nicht weit von der Uni
4. 390
5. Privatzimmer
6. möbliert
7. nicht weit von der Uni
8. 275
9. Wohngemeinschaft
10. möbliert
11. weit von der Uni
12. 280
13. Privatzimmer

8-29

Aus der Zeitung.

1. 4 / vier
2. 1 / eins / 2 / zwei / 1 and 2 / 1 und 2 / eins und zwei / 1 or 2 / 1 oder 2 / eins oder zwei
3. 5 / fünf / 6 / sechs / 5 and 6 / 5 und 6 / fünf und sechs/ 5 oder 6 / 5 or 6 / fünf oder sechs

8-30

Ein Minikrimi.

1. F
2. F
3. R
4. F
5. R
6. F
7. R
8. R
9. F
10. R
11. F
12. R

8-31

Wie wohnst du?

1. richtig
2. falsch
3. falsch
4. richtig
5. richtig
6. falsch
7. richtig
8. falsch

8-32

Ein Neubau-Einfamilienhaus.

Answers will vary.

8-33

Wie gut kennen Sie Schönbach?

Answers will vary.

8-34

Zur Aussprache: German *st* and *sp*.

1. b
2. a
3. c
4. c
5. b
6. a
7. b
8. c

8-35

Zur Aussprache: Hören Sie gut zu und wiederholen Sie.

Instructor-graded: (pronunciation)

8-36

Holgers Zimmer.

Answers will vary.

8-37

Kleine Gespräche.

Answers will vary.

Kapitel 9

9-1

Kleine Gespräche (I).

1. mich
2. dich
3. uns
4. sich
5. euch

9-2

Kleine Gespräche (II).

1. dich, angezogen
2. ziehe, mich, um
3. sich, schneiden
4. mich, kämmen
5. schminkt, sich

9-3

Der Schulbus kommt in zwanzig Minuten.

a. 2
b. 4
c. 3
d. 5
e. 1

9-4

Ergänzen Sie (I)!

1. dir
2. euch
3. uns
4. mir
5. sich

9-5

Ergänzen Sie (II)!

1. mir, anhören
2. sich, gekauft
3. suchen, uns
4. euch, aufwärmen
5. machst, dir
6. dir, waschen

9-6

Was Maria heute alles macht.

ziehe, mich, an
mache, mir
putze, mir
hole, mir
mache, mir
wärme, mir, auf

9-7

Was Maria gestern alles gemacht hat.

mich, angezogen
mir, gekauft
mir, angehört
mir, gemacht
mich, angezogen
uns, angeschaut

9-8

Andere Länder, andere Sitten …

1. ja
2. nein
3. nein
4. ja
5. ja
6. nein
7. nein
8. nein
9. ja
10. ja

9-9

Morgens bei Zieglers.

1. accusative
2. accusative
3. dative
4. accusative
5. accusative
6. dative
7. dative
8. dative
9. dative
10. accusative

9-10

Guter Rat.

1. e
2. f
3. d
4. a
5. b
6. c
7. g

9-11

Fragen und Antworten.

1. schreibt, euch
   uns, anrufen
2. Kennen, sich
   uns, kennen gelernt
3. trefft, euch
   uns, zeigen
4. sich, mögen
   sich, sehen
5. sich, lieben
   sich, geküsst

9-12

Äquivalente.

1. e
2. c
3. d
4. b
5. f
6. a

9-13

Was passt zusammen?

1. c
2. e
3. a
4. f
5. d
6. b

9-14

Was passt zusammen?

1. d
2. c
3. e
4. b
5. f
6. a

9-15

Warum denn?

1. haben Sie sich denn so verspätet
   mein Wagen nicht starten wollte
2. regst du dich denn so auf
   du mir nicht helfen willst
3. setzen Sie sich denn nicht
   ich nur ein paar Minuten Zeit habe
4. beeilst du dich denn nicht ein bisschen
   mein Zug erst in einer halben Stunde abfährt
5. ist Brigitte denn nicht mitgekommen
   sie sich nicht wohl fühlt
6. willst du dich nicht entschuldigen
   ich mich gar nicht schlecht benommen habe

9-16

Was sagen sie dann?

1. d
2. c
3. g
4. b
5. f
6. a
7. e

9-17

Was passt zusammen?

1. c, a, b
2. a, c, b
3. b, c, a
4. a, c, a, b
5. c, a, d, b
6. a, c, b, b
7. c, a, c, b

9-18

Das Loch im Pulli.

1. den
2. die
3. der
4. den
5. der
6. das
7. den
8. das

9-19

Ergänzen Sie.

1. der dort hängt; das hier liegt; die dort steht
2. den Brigitte heiratet; die mein Bruder heiratet; das ich gekauft habe
3. der du die Rosen schickst; dem du beim Lernen hilfst; denen du immer den Rasen mähst
4. den Claudia gekauft hat; der Claudia das Loch gezeigt hat; die Kurt gekauft hat
5. der dich gestern Abend abgeholt hat; den ihr euch heute Abend anschaut; das ich mir letztes Jahr gekauft habe

9-20

Definitionen.

Answers may vary. Suggested answers:

1. Ein Professor ist ein Mann, der an der Universität arbeitet.
2. Eine Speisekarte ist eine Karte, die man im Restaurant liest.
3. Ein Reformhaus ist ein Geschäft, das gesunde Produkte verkauft.
4. Eine Austauschschülerin ist eine Schülerin, die in einem anderen Land lebt.
5. Ein Rasierapparat ist ein Apparat, den man morgens vor der Arbeit braucht.

9-21

Jeopardy.

1. d
2. j
3. b
4. f
5. i
6. g
7. c
8. h
9. a
10. e

9-22

Wer sind diese Leute?

1. der Typ, den
2. der Mann, dem
3. die Schülerin, der
4. die Frau, die
5. das Kind, das
6. das Mädchen, dem
7. die Leute, denen
8. die Leute, die

9-23

Im Gasthaus.

1. den Mann, der
2. der Mann, den
3. den Mann, dem
4. die Dame, die
5. die Dame, die

6. die Dame, der
7. das junge Paar, das
8. das junge Paar, das
9. das junge Paar, dem
10. die beiden alten Leute, die
11. die beiden alten Leute, die
12. die beiden alten Leute, denen

9-24

Ergänzen Sie!

1. Nachbar
2. Piloten
3. Kollegen
4. Kunden
5. Athleten
6. Jungen, Junge
7. Patient
8. Student, Assistenten
9. Menschen, Touristen

9-25

Kurze Dialoge.

1. c
2. a
3. b
4. b
5. a
6. b
7. a
8. b

9-26

Im Restaurant.

Answers may vary. Suggested answers:
1. Sie kann ein Paar Weißwürste mit Bauernbrot bestellen.
2. Er bestellt Filetsteak „amerikanisch" mit Pommes frites und jungen Karotten.
3. Answers may vary.
4. Er kann Forelle blau mit Salzkartoffeln, brauner Butter und grünem Salat oder Omelette Champignon mit gemischtem Salat bestellen.
5. Sie bestellt Kalbsschnitzel mit buntem Salatteller.

9-27

Das billige Mittagessen.

Teil I

5. Weil das Geld des Gastes aber nur ein Zehncentstück ist, ist der Wirt ganz schockiert und sagt, dass dieses Essen nicht zehn Cent kostet, sondern fünfzig Euro.

3. Er trinkt „für sein Geld" auch eine Flasche Wein zum Essen und isst zum Schluss noch einen guten Nachtisch.
6. Der Gast bleibt aber ganz ruhig und antwortet, dass diese zehn Cent sein ganzes Geld sind.
1. In einem deutschen Gasthaus bestellt ein Mann „für sein Geld" einen Teller Suppe.
4. Nach dem Essen gibt der Gast dem Wirt dann „sein Geld".
2. Nach der Suppe möchte er „für sein Geld" ein Schnitzel mit Kartoffeln und Gemüse.

Teil II

10. Der Wunsch des Wirtes ist, dass der Gast morgen im Goldenen Adler dasselbe macht, was er heute hier in der Krone getan hat.
8. Er will aber nicht, dass sein Kollege im Goldenen Adler herausfindet, was hier passiert ist.
12. Dann geht der Gast zur Tür hinaus, und als er weit genug weg ist, ruft er, dass er gestern schon im Goldenen Adler für „sein Geld" gegessen und auch dort zwanzig Euro bekommen hat.
9. Deshalb ruft er nicht die Polizei, sondern will den Gast laufen lassen, wenn er ihm einen Wunsch erfüllt.
11. Und damit er seine Sache im Goldenen Adler auch wirklich gut macht, gibt der Wirt ihm sogar noch zwanzig Euro.
7. Der Wirt denkt, dass der Gast eigentlich ins Gefängnis gehört.

9-28

Beeil dich, Liebling!

1. Adam
2. Tina
3. Adam
4. Tina
5. Tina
6. Tina
7. Adam
8. Tina
9. Adam
10. Adam

9-29

Stefan bekommt Besuch.

1. Tante, Onkel
2. Kuchen
3. spazieren / spazieren gehen
4. Abend
5. kochen
6. Bäcker, Fleischer
7. Mutter
8. Urlaubsvideo

9-30

Was passt zusammen?

A 1. c   2. a   3. b

B 4. e   5. f   6. d

C 7. i   8. h   9. g

9-31

Das richtige Besteck oder Geschirr.

1. a   6. a
2. c   7. b
3. b   8. d
4. e   9. c
5. d   10. e

9-32

Einkaufsprobleme: Erstes Verstehen.

1. FZ/fz
2. FZ/fz
3. R/r
4. N/n
5. HZ/hz
6. N/n
7. R/r

9-33

Einkaufsprobleme: Detailverstehen.

Answers may vary. Suggested answers:

1. Er kam nichts ins Badezimmer, weil Nina sich stundenlang geschminkt hat.
2. Er hat letzten Mittwoch eingekauft.
3. Das spart viel Zeit.
4. Sie soll das Brot und die Brezeln beim Bäcker und die Wurst beim Fleischer kaufen.
5. Die Sachen vom Bäcker und vom Fleischer schmecken viel besser.
6. Sie soll nicht vergessen, die Einkaufstaschen mitzunehmen.

9-34

German *s*-sounds: voiced *s* and voiceless *s*.

1. b   8. a
2. a   9. b
3. a   10. b
4. b   11. a
5. a   12. b
6. b   13. a
7. b   14. b

9-35

Hören Sie gut zu und wiederholen Sie.

Instructor-graded: (pronunciation)

Recorded answers:

1. Seit Sonntag scheint die Sonne, sie scheint sogar sehr heiß.
2. Jetzt reisen Heinz und Susanne, sie reisen in die Schweiz.
3. Sie gehen zusammen zelten bei Sissach in der Schweiz.

9-36

Hören Sie gut zu und wiederholen Sie.

Instructor-graded: (pronunciation)

Recorded answers:

1. Seit Sonntag scheint die Sonne, sie scheint sogar sehr heiß.
2. Jetzt reisen Heinz und Susanne, sie reisen in die Schweiz.
3. Sie gehen zusammen zelten bei Sissach in der Schweiz.

9-37

Übersetzen Sie.

Answers may vary. Suggested answers:

1. Shauna: Which side dishes are you ordering with the roast goose?
    Nina: I think I'll take the red cabbage and the potato dumplings.
2. Anna: Did you try out the recipe that I gave you?
    Maria: Of course! The dumplings were really delicious.
3. Daniel: Why don't we eat in the restaurant that your brother finds so good?
    Julia: Because the only really good main course there costs over twenty euros.
4. Verkäufer: Sometimes it's almost impossible to be friendly to the tourists that shop here.
    Chef: You are right. But please don't forget to be polite anyway.
5. Polizistin: Do you know this boy, Ms. Koch?
    Frau Koch: Yes, he's the son of our new neighbors.

9-38

Kleine Gespräche.

Answers may vary. Suggested answers:

1. Tobias: Warum ziehst du dich um? Gehst du mit Maria tanzen?

Florian: Nein, wir wollen uns den neusten Film von Tom Tykwer anschauen.
2. Bernd: Warum ziehst du dich nicht an, Stefan?
   Stefan: Weil ich mich zuerst waschen und rasieren muss.
3. Oliver: Darf ich mir ein Sandwich machen, Mutti?
   Mutti: Ja, aber zuerst must du dir die Hände waschen.
4. Alex: Wie haben dein Bruder und seine Frau sich kennen gelernt?
   Eva: David war Verkäufer in einem Reformhaus, und Lisa hat dort ihre Lebensmittel gekauft.
5. Tom: Warum beeilst du dich nicht? Du weißt, dass wir uns nicht verspäten dürfen.
   Maria: Ich ziehe mich so schnell wie möglich an, aber mein Ohrring ist gerade hinter die Kommode gefallen.
6. Vati: Warum hast du mir nicht gesagt, dass deine Noten so schlecht sind?
   Anne: Weil du dich immer aufregst, wenn ich schlechte Noten bekomme.

Kapitel 10

10-1

Stephanie bekommt Besuch von Freunden aus Amerika.

landete, reisten, besuchten, erzählte, übernachteten, machten, badeten, bestellte, bezahlte

10-2

Stephanies Besuch aus Amerika.

regnete, kochte, öffnete, spielten, hörten, diskutierten, packten, bestellten, reisten

10-3

Wer macht das?

1. arbeitet
2. sieht
3. hat
4. fragt
5. antwortet
6. gibt
7. galoppiert
8. versteckt
9. reitet
10. geht

10-4

Die schlaue Mama.

ging, trug, liefen, sangen, frassen, stand, begannen, rief, sprang, sprach

10-5

Gestern Abend.

kam, stellte, holte, ass, trank
telefonierte, redeten, schrieb, lernte, ging

10-6

Ein warmer Tag.

fuhren, trafen, sass, las, badete
gingen, assen, tranken, nahmen, tanzten

10-7

Erzählen Sie!

1. hatte
2. gab
3. musste
4. erzählte
5. kamen, wollten
6. war
7. arbeitete
8. war
9. gab
10. musste

10-8

Austauschstudentinnen.

Teil 1: Unser Flug nach Deutschland

3 Nach dem Abendessen schaute Susan den Film an und ich las ein bisschen und schlief bald ein.

4 Als ich wieder aufwachte, waren wir schon über der Bundesrepublik.

1 Unser Lufthansa-Jet flog am ersten Oktober kurz nach 10 Uhr abends von New York ab.

5 Eine Stunde später landeten wir auf dem Rhein-Main-Flughafen, holten unsere Rucksäcke ab und fuhren dann mit der S-Bahn nach Frankfurt ab, weil unser Zug vom Frankfurter Hauptbahnhof abfahren sollte.

2 Es war ein kühler Herbsttag, aber im Flugzeug war es so warm, dass wir gleich unsere Jacken auszogen.

6 Kurz bevor der Zug abfuhr, fing es an zu schneien.

Teil 2: Endlich in Berlin!

2 Als wir auf dem Bahnhof in Berlin ankamen, wartete dort ein Typ auf uns und sagte: „Ich bin Michael Körner. Seid ihr vielleicht Lisa Hunt und Susan Perry aus Kansas?"

3   Er fuhr uns zu unserem Studentenheim, wo wir uns
    schnell umzogen.
4   Dann gingen wir mit Michael in eine Kneipe,
    sassen dort lange mit ein paar von seinen Freunden
    zusammen, tranken ein Bier und sprachen
    miteinander.
1   Als unser Zug fünf Stunden später nach Berlin
    hineinfuhr, hörte es auf zu schneien.

10-9

Die mysteriösen Rosen.

kam, brachte, dachte, nannte, kannte, wusste,
hinunterrante, brachte

10-10

Vetter David aus Amerika.

besuchte, wussten, kannte, dachte, rannte

10-11

Was fehlt hier?

1. schreiben
2. blieb
3. helfen
4. gelesen
5. fand
6. fliegen
7. kam
8. gegangen
9. fuhr
10. gegeben
11. bringen
12. wusste
13. schlafen
14. getrunken
15. wurde

10-12

Der Geist in der Flasche.

fuhr, blieb, wurde, konnte, fand, öffnete, kam, schrie,
hatte, dachte, kam, wusste, rief, schrie, rief, war, machte,
fuhr, brachte, rannte, erzählte

10-13

Verbformen.

1. hatte
2. brachte
3. antwortete
4. nahm
5. dachte
6. wusste
7. gab
8. kannte

10-14

Wann, als oder wenn?

1. Wann
2. Als
3. Wenn
4. Wenn
5. Wann
6. Als
7. wenn
8. als
9. wann

10-15

Wann …?

1. a
2. a
3. a
4. b
5. a
6. a
7. a
8. a
9. b

10-16

Wann, als oder wenn?

1. Wenn
2. Als
3. Wann
4. Wenn
5. Als
6. Wann
7. Wann
8. wenn
9. als

10-17

Definitionen.

1. b
2. c
3. d
4. e
5. f
6. a

10-18

Ein Ferienjob in der Schweiz (I).

1. den
2. der
3. die
4. dem
5. das
6. dem
7. denen
8. der

10-19

Ein Ferienjob in der Schweiz (II).

dem, den, denen, dem, denen, denen, denen

10-20

Ein Ferienjob in der Schweiz (III).

1. die
2. dem
3. dem
4. den
5. dem
6. denen
7. der

10-21

Anders gesagt.

1. VW, mit, dem
2. Mann, durch, den
3. Bauer, bei, dem
4. Pony, auf, dem
5. Hund, mit, dem
6. Schiff, auf, dem
7. Haus, in, dem
8. Freunde, bei, denen
9. Teenager, mit, denen

10-22

Der Hase und der Igel.

1. kleine
2. schönen
3. vielen
4. großen
5. unfreundliche
6. schnellen
7. kurzen
8. langen, klugen
9. langen
10. dumme
11. schöne, große

10-23

Fragen und Antworten.

1. x/X, er
2. x/X, es
3. x/X, es
4. e, e
5. x/X, es
6. en, en
7. e, en
8. er, en
9. er, en

10-24

Das Geburtstagsgeschenk.

1. es
2. en
3. e
4. e, e
5. en, en
6. e
7. en
8. e
9. en
10. en

10-25

Ergänzen Sie!

1. reiche
2. blondem
3. starker
4. interessante
5. kleine
6. rote
7. regnerisches

10-26

Im Gasthaus.

1. dunkles / hartes, hartes / dunkles
2. große
3. scharfe
4. winzige
5. trockener / sehr trockener
6. starken
7. unfreundliche

10-27

Aus einem Märchen.

1. armen
2. ganze
3. dunklen
4. dritten
5. kleinen
6. kleine
7. leckerem
8. großen
9. hungrige
10. jüngere

10-28

Gegenteile.

1. e
2. k
3. j
4. b
5. f
6. h
7. i
8. c
9. d
10. g
11. a

10-29

Singular- und Pluralformen.

Erfinder, die Erfinderin, Berichte, das Ziel, Quellen, die Übersetzung, Konzepte, die Technologie, Teams, der Einfluss, Produkte, das Thema

10-30

Der Geist in der Flasche.

1. falsch	6. falsch
2. falsch	7. richtig
3. richtig	8. richtig
4. richtig	9. richtig
5. falsch	10. falsch

10-31

Raubüberfall in Wien.

1. R	5. R	9. R
2. F	6. R	10. F
3. F	7. F	11. F
4. R	8. R	12. R

10-32

Weißt du das?

1. b	5. c
2. a	6. d
3. e	7. f
4. g	

10-33

Zur Aussprache: German _f_, _v_, and _w_.

1. a	6. a	11. b
2. b	7. b	12. a
3. b	8. b	13. b
4. a	9. b	14. b
5. b	10. a	

10-34

Zur Aussprache: Hören Sie gut zu und wiederholen Sie.

1. Am vierten Februar früh um fünf fliegen Franziska und Volkmar von Frankfurt nach Florida.

2. Dort feiern sie mit Vetter Felix und seinen vielen Freunden ein fabelhaftes Fest.

10-35

Zur Aussprache: Hören Sie gut zu und wiederholen Sie.

Instructor-graded: (pronunciation)

1. Veronika, Verena, Valentin und Viktor wohnen in einer Villa in Vaduz.
2. Veronika spielt Violine, Valentin macht Videos,
3. Verena und Viktor gehen wandern durch die wunderbaren Wälder.

10-36

Mein Ferienjob.

Answers will vary. Suggested translation:

Last year, I was in Germany the whole summer. I lived with an uncle who has a bakery and for whom I also worked. It was hard work because I had to get up at four, so the people in the village had fresh rolls for breakfast. But the pay was good, and after a few weeks I bought myself an old, but good car. On the weekends, I then went on many interesting trips.

10-37

Kleine Gespräche.

Answers will vary. Suggested translations:

1. Wann fliegst du in die Schweiz?
   Wenn die Flüge ein bisschen billiger sind.
2. Ist das das Haus, in dem du als Kind gewohnt hast?
   Ja. Als ich klein war, dachte ich immer: „Was für ein großes Haus!" Und jetzt sieht es so klein aus.
3. Wie groß ist deine neue Wohnung, Kirsten?
   Ich habe ein großes, helles Wohnzimmer mit einem Balkon, ein kleines Schlafzimmer und eine winzige Küche.
4. Was soll ich anziehen? Meinen grauen Pulli (Pullover) oder meine blaue Jacke?
   Mir gefällt dein grauer Pulli (Pullover) besser.

Kapitel 11

11-1

Aktiv oder Passiv?

1. ACTIVE
2. ACTIVE
3. PAST PASSIVE
4. ACTIVE
5. ACTIVE
6. ACTIVE
7. PAST PASSIVE
8. PAST PASSIVE
9. ACTIVE
10. PRESENT PASSIVE
11. ACTIVE

11-2

Wie lernt man in Berlin über die Geschichte der Mauer? Aktiv zu Passiv!

1. wird das Dokumentationszentrum in der Bernauer Straße besucht
2. wird ein toller Dokumentarfilm über die Mauer gezeigt
3. wird auch der alte Todesstreifen besucht
4. werden in der Buchhandlung tolle Bücher und Postkarten gekauft / werden tolle Bücher und Postkarten in der Buchhandlung gekauft

11-3

Ein Besuch in Berlin.

1. ein guter Stadtplan
2. der Reiseführer
3. werden
4. wird
5. werden
6. bestellt

11-4

Ein bisschen kompakter, bitte!

1. wird gerade repariert
2. wird nie geputzt
3. werde gut bezahlt
4. werde nie eingeladen
5. wird viel gelesen
6. wird viel gekauft
7. wird, bald gefunden
8. werde um 20 Uhr abgeholt

11-5

Fragen und Antworten.

1. er dort gut bezahlt wird
2. sie gerade renoviert wird

3. die Geschäfte erst um halb zehn geöffnet werden
4. sein neuestes Buch so viel gekauft wird
5. ich in einer Minute abgeholt werde

11-6

Gute Vorsätze.

1. werden, gegessen
2. wird, getrunken
3. wird, gemacht
4. wird, getrunken
5. wird, gelernt
6. wird, aufgeräumt
7. werden, geraucht

11-7

Deutsche Geschichte.

1. e
2. j
3. h
4. d
5. a
6. b
7. k
8. g
9. i
10. c
11. f

11-8

Warum?

1. bezahlt
2. operiert
3. verschoben
4. benutzt
5. renoviert
6. beschrieben
7. geweckt
8. übersetzt

11-9

Was *wird* oder *wurde* hier gemacht?

1. e
2. b
3. a
4. h
5. f
6. g
7. d
8. c

11-10

Fragen und Antworten.

1. Ich wurde nicht eingeladen.
2. das Haus verkauft wurde
3. Sie wurden für dich gebracht. / Für dich wurden sie gebracht.
4. sein Fahrrad gestohlen wurde

5. sie nie gegossen wurden
6. ich so schlecht bezahlt wurde

11-11

Ein bisschen kompakter, bitte!

1. Ein Mann wurde verhaftet.
2. Peters Fahrrad wurde gestohlen.
3. Wir wurden nicht eingeladen.
4. Die Märchen der Brüder Grimm wurden in über 140 Sprachen übersetzt. / In über 140 Sprachen wurden die Märchen der Brüder Grimm übersetzt.
5. Wann wurde Amerika entdeckt?
6. Wurde deine Geldtasche gefunden?

11-12

Aus zwei alten Märchen. Wer machte was?

1. a. von einem bösen Wolf
   b. von einem Jäger
2. a. von den Eltern
   b. von einer bösen Hexe
   c. von der Hexe
   d. von ihr/von der Hexe
   e. von der Hexe
   f. von seiner Schwester

11-13

Schlechte Nachrichten.

1. einer Nachbarin
2. einem Nachbarsjungen
3. einer Kollegin
4. einem Neonazi
5. Terroristen

11-14

Was passt wo?

1. gepackt
2. gepresst
3. möbliert
4. gebaut
5. gebacken
6. gewaschen
7. angefangen
8. verdient

11-15

Ergänzen Sie!
A.

1. gepresst—*pressed / squeezed*
2. gemischt—*mixed*
3. gegrillt—*grilled*

4. gekocht—*cooked / boiled / made*
5. geröstet—*roasted*
6. gebacken—*baked*

B.

7. gemischt
8. gebacken / geröstet
9. gepresst
10. geröstet / gekocht
11. gegrillt / gebacken / geröstet
12. gekocht / geräuchert / gegrillt / geröstet / gebacken

11-16

Ingrid macht alles selbst.
A.

1. gebacken—*baked*
2. geerntet
3. gebraut
4. bauen—*built*
5. gemalt—*painted*
6. Gestrickt

B.

7. gebacken
8. geerntet / gebacken
9. gebraut
10. gebaut / gemalt
11. gemalt
12. genäht / gestrickt
13. gestrickt / genäht

11-17

Sonst noch was?!

1. gebügeltes
2. gepressten
3. gekochter
4. gegrilltes
5. gebackenen

11-18

Österreich nach 1945.

1. besetztes
2. zerstörte
3. geteilte
4. blockierten

11-19

Was passt zusammen?

1. c	5. b
2. e	6. d
3. g	7. f
4. a	

11-20

Was passt zusammen?

1. g	5. c
2. f	6. a
3. e	7. b
4. d	

11-21

Meinungen.

1. mich, in, e, verliebt
2. ärgere, mich, über, ie,
3. mich, über, as, aufregen
4. freue, mich, auf, en
5. an, ie, denke
6. uns, für, interessieren
7. von, en, erzählen

11-22

Was ist die richtige Antwort?

A.

1. e	4. b
2. c	5. f
3. a	6. d

B.

7. k	10. h
8. l	11. g
9. i	12. j

11-23

Das freut mich! Das nervt mich!

1. worüber, c / d / e
2. worüber, d / c / e
3. worauf, a
4. worüber, b
5. wovor, e

11-24

Kleine Gespräche.

1. Woran, em	4. Wofür, e
2. Worauf, en	5. Woran, en
3. Worüber, e	

11-25

Kleine Gespräche.

1. In wen, en	4. Vor wem, en
2. Von wem, er	5. An wen, en
3. Auf wen, en	

11-26

Nun haben Sie das Wort!

Answers will vary widely.

11-27

Was ist die richtige Antwort?

1. e	5. d	9. i
2. f	6. a	10. k
3. b	7. l	11. g
4. c	8. h	12. j

11-28

Mit den Fahrrädern auf Rügen.

1. richtig	5. richtig
2. falsch	6. falsch
3. richtig	7. richtig
4. falsch	8. falsch

11-29

Die Berliner Luftbrücke.

1. b	5. a
2. a	6. b
3. b	7. b
4. a	8. a

11-30

Der alte Großvater und der Enkel.

1. e	4. a
2. c	5. b
3. f	6. d

11-31

Zur Aussprache: The consonant cluster *pf*.

1. a	5. b
2. b	6. a
3. b	7. a
4. a	8. a

11-32

Zur Aussprache: The consonant cluster *kn*.

1. b	5. a
2. a	6. b
3. b	7. b
4. a	8. a

11-33

Zur Aussprache: Hören Sie gut zu und wiederholen Sie!

Instructor-graded: (pronunciation)

11-34

Ein bisschen Geschichte.

Answers will vary. Sample answer:

Im Jahr 1961 wurde die Berliner Mauer gebaut, eine Mauer, die die Stadt in Ost-Berlin und West-Berlin teilte. Nach achtundzwanzig Jahren, am 9. November 1989, wurde die Mauer, die Ostdeutsche und Westdeutsche trennte, wieder geöffnet. Für die Berliner und für alle Deutschen war es ein historischer Tag.

11-35

Kleine Gespräche.

1. >Wer ist der elegant gekleidete Mann dort?
   < Das ist der Mann der Bundeskanzlerin.
2. > Interessierst du dich für moderne Musik?
   < Nein, ich höre lieber klassische Musik. Bach ist mein Lieblingskomponist.
3. > Was machst du in den Ferien?
   < Mein Freund und ich planen eine Radtour an die (zur) Küste. Wir freuen uns sehr darauf.
4. > Warum gehst du nicht in den Garten? Wovor hast du Angst?
   < Ich habe Angst vor dem großen schwarzen Hund dort.
5. > Wer ist der Typ, in den sich Maria verliebt hat?
   < Er ist ein kanadischer Austauschstudent aus Ontario.
6. > Warum ärgerst du dich über deine Freundin?
   < Weil sie so dickköpfig ist. Manchmal verstehe ich sie überhaupt (gar) nicht.

Kapitel 12

12-1

Situationen.

1. a. hätte	b. müsste	c. könnte	
2. a. hätte	b. könnte	c. wüsste	
3. a. wäre	b. würde	c. dürften	
4. a. hätte	b. wäre	c. wollte	d. wüsste

12-2

Wenn es nur anders wäre!

1. könnte	5. hätte, dürfte
2. müsste	6. wüsste
3. wäre	7. könnte
4. hätte	

12-3

Wenn ich nur eine andere Mitbewohnerin hätte!

1. wüsste	4. wären
2. würde	5. wüsste
3. hätte	

12-4

Wenn ich nur so cool wie Eve sein könnte!

Answers may vary. Suggested answers:

1. Wenn sie nur nicht mit Steve und mir tanzen gehen wollte!
2. Wenn sie nur nicht immer diesen perfekten Steve mitnehmen müsste!
3. Wenn ich nur nein sagen könnte!
4. Wenn ich ihnen nur zeigen dürfte, dass ich keine Lust habe!
5. Wenn Eve und Steve nur aufhören könnten, sich zu küssen!

12-5

Was passt?

1. d	3. a	5. g	7. f
2. e	4. b	6. c	

12-6

Was würdest du tun?

1. e	5. f
2. h	6. a
3. d	7. b
4. g	8. c

12-7

Was passt zusammen?

1. c. würden Sie sich auch aufregen.
2. e. würde ich mir gleich ein Klavier kaufen.
3. b. würde ich nicht Auto fahren.
4. a. würde ich mir einen Ferienjob suchen.
5. d. würden Sie sich auch freuen.

12-8

Was passt zusammen?

1. c. würdest du auch immer in der Mensa essen.
2. d. würdest du auch den ganzen Tag in der Bibliothek sitzen.
3. b. würdest du auch im Bett bleiben.
4. a. würdest du auch so schnell wie möglich Deutsch lernen wollen.
5. e. würdest du dir auch einen Taschenrechner kaufen.

12-9

Fragen und Antworten.

1. hätte, würde, aufstehen
2. benehmen, würde, würden, einladen
3. wüsste, würde, anrufen
4. wäre, würden, nehmen
5. hätte, würde, besuchen
6. müsste, würde, trinken

12-10

Alternativen.

Answers may vary. Sample answers:

1. würde mir lieber ein neues Fahrrad kaufen
2. würden lieber mit uns mexikanisch essen gehen
3. würde lieber historische Romane lesen
4. würde lieber in den nächsten Ferien in einem Schwimmbad arbeiten
5. würden lieber allein wohnen

12-11

Zukunftswünsche.

Answers will vary.

12-12

Meine Zukunft.

Answers will vary.

12-13

Ein bisschen höflicher, bitte!

1. Dürfte
2. Könntest
3. Müsstest
4. Hättest
5. Wüssten
6. Hättet

12-14

Wir sind höflich!

1. Hättest
2. Dürften
3. Könnten
4. Wüssten
5. Dürfte
6. Hätten
7. Müsstest
8. Dürfte
9. Wären
10. Dürfte

12-15

Alternativen.

Answers will vary. Sample answers:

1. hätte mir lieber einen roten VW Golf gekauft
2. wären lieber mit uns in ein italienisches Restaurant gegangen
3. hätten lieber ein Referat über Haydn geschrieben
4. hätte lieber holländisch gelernt
5. wäre lieber mit dem Fahrrad zur Uni gekommen

12-16

Wenn ich nur nicht auf der Party gewesen wäre!

1. geblieben wäre
2. getrunken hätte
3. geflirtet hätte
4. gemacht hätte
5. gekommen wäre

12-17

Wenn ich nur …!

1. h
2. f
3. b
4. c
5. e
6. a
7. g
8. d

12-18

Nach Günters Party.

1. getrunken hätte
2. gegessen hätte
3. benommen hätte

4. heimgekommen wäre
5. gegangen wäre
6. ferngesehen hätte
7. aufgestanden wäre
8. gekriegt hätte
9. gekommen wäre
10. mitgeschrieben hätte

12-19

Wenn, wenn, wenn.

1. Wenn ich nicht so krank gewesen wäre, hätte ich die Klausur geschrieben.
2. Wenn Kurt genug Geld gehabt hätte, hätte er einen Sportwagen gekauft.
3. Wenn ich Hunger gehabt hätte, wäre ich mit euch essen gegangen.
4. Wenn es nicht so kalt gewesen wäre, wären wir schwimmen gegangen.
5. Wenn du zu Hause gewesen wärest (wärst), hätte ich dich besucht.
6. Wenn ich deine Telefonnummer gehabt hätte, hätte ich dich angerufen.
7. Wenn es nicht so heiß gewesen wäre, hätten wir Tennis gespielt.
8. Wenn ich Zeit gehabt hätte, hätte ich dir geholfen.

12-20

Ergänzen Sie!

1. gewesen wäre, wären wir nicht schon nach einer Stunde wieder nach Hause gegangen
2. gehabt hätte, hätte er das Moped bekommen
3. gewesen wäre, hätte ich Professor Webers Vorlesung verstanden
4. getrunken hätte, hätte er sich nicht so schlecht benommen
5. gehabt hätte, hätte sie das Fahrrad gekauft
6. gewesen wäre, wären wir nicht zum Starnberger See gefahren

12-21

Ergänzen Sie!

1. statt
2. trotz
3. während
4. wegen, wegen
5. statt
6. wegen

12-22

Fragen und Antworten.

1. e
2. g
3. d
4. c

5. a
6. h
7. b
8. f

12-23

***Dessen* oder *deren*?**

1. dessen
2. deren
3. dessen
4. deren
5. deren

6. dessen
7. deren
8. dessen
9. deren
10. deren

12-24

Mit anderen Worten.

1. c
2. g
3. a
4. f

5. b
6. e
7. d

12-25

Synonyme.

1. die Pension
2. die Stelle
3. riesig
4. aufmachen
5. viel
6. die Kleider
7. endlich
8. verstehen
9. glücklich
10. berichten
11. das ist richtig
12. kaputt
13. bekommen
14. intelligent
15. gleich
16. zwei
17. der Ozean
18. die Heirat
19. kaputt machen
20. überhaupt nicht
21. die Bezahlung

12-26

Haushalt, Beruf und Familie, das ist schwer.

1. a
2. b
3. b
4. b
5. a
6. b
7. b
8. a

12-27

Pauls Traumberuf.

1. richtig
2. richtig
3. falsch
4. falsch
5. richtig
6. falsch
7. falsch
8. richtig

12-28

Der schlaue Soldat.

1. e
2. d
3. b
4. a
5. c
6. g
7. f
8. h
9. j
10. i

12-29

Zur Aussprache: The glottal stop.

Answers will vary.

12-30

Hören Sie gut zu und wiederholen Sie.

Answers will vary.

12-31

Wenn ich nach Berlin fliegen könnte …

Answers may vary. Suggested answer:

If I had more money, I would fly to Berlin. I would go to Checkpoint Charlie, where the Wall stood a few years ago. I would think of Erich Honecker, the former GDR's head of state. Shortly before the reunification of Germany he said: "This Wall will still be standing in a hundred years." I would also think of President Kennedy, who in a speech in front of the city hall in Schöneberg said: "I am a Berliner."

12-32

Kleine Gespräche.

Answers may vary. Suggested answers:

1. Wäre es möglich, eine heiße Suppe statt des Salats zu bekommen?
   Natürlich! Und hätten Sie auch gern (möchten Sie auch) ein Brötchen zu Ihrer Suppe?
2. Weißt du, was ein Arbeitgeber ist?
   Klar! Das ist ein Mann, dessen Arbeitnehmer die Arbeit machen.
3. Haben Sie das Fernsehprogramm über Frauen im 21. Jahrhundert gesehen?
   Leider nicht. Ich sehe während der Woche sehr wenig fern.

12-33

Wessen Schuld ist es?

Answers may vary. Suggested answer:

Wenn ich Eve nicht auf der Straße gesehen hätte, wäre ich nicht so wütend gewesen. Wenn ich nicht bemerkt hätte, dass Eve einen attraktiven neuen Freund hat, wäre ich nicht so eifersüchtig gewesen. Wenn Eve mir nicht erzählt hätte, dass sie in den Ferien nach Hawaii fahren, würde ich jetzt nicht hier sitzen und mich schrecklich fühlen.